REIVINDICACIÓN
DEL CONDE DON JULIÁN

JUAN GOYTISOLO

REIVINDICACIÓN
DEL
CONDE DON JULIÁN

Seix Barral ✴ Biblioteca Breve

Primera edición: 1970
(México: Joaquín Mortiz, S. A.)

Cubierta: Joan Batallé y Jaume Bordas
(Fotografía: Antonio Gálvez)

Primera edición
en Biblioteca Breve: julio 1976
3.ª reimpresión: diciembre 1979
Segunda edición: mayo 1982
Tercera edición: abril 1985
Cuarta edición: junio 1988

Derechos exclusivos de edición en castellano
reservados para todo el mundo:
© 1976 y 1988: Editorial Seix Barral, S. A.
Córcega, 270 - 08008 Barcelona

ISBN: 84-322-0438-2

Depósito legal: B. 20.712 - 1988

Impreso en España

En lucha con los Bizantinos y los Bereberes, los caudillos militares árabes van extendiendo sus dominios africanos y ya en el año 682 Uqba había llegado al Atlántico, pero no pudo ocupar Tánger, obligado a desviarse hacia el Atlas por un misterioso personaje al que los historiadores musulmanes llaman casi siempre Ulyan y que probablemente se llamara Julián o quizás Urbano, Ulbán o Bulian. De él se iba a apoderar pronto la leyenda con el nombre de "Conde don Julián" y, en realidad, no sabemos si era berberisco, godo o bizantino, si gobernaba Septem como conde porque la plaza dependía del Reino visigodo, si era un exarca o gobernador que dependía del Imperio de Bizancio o si, como parece más probable, era un bereber señor de la tribu católica de Gomera...

L. G. de V.: Historia de España

Maldita sea la saña del traidor Julián ca mucho fué perseverada; maldita sea la su ira, ca mucho fué dura et mala, ca sandio fué él con su ravia et corajoso con su incha, antuviado con su locura, oblidado de lealdad, desacordado de la ley, despreciador de Dios, cruel en sí mismo, matador de su señor, enemigo de su casa, destroidor de su tierra, culpado et alevoso et traidor contra todos los suyos; amargo es el su nombre en la boca de quil nombra; duelo et pesar faze la sua remenbrança en el coraçon daquel quel emienta; e el su nombre siempre será maldito de quantos dél fablaren.

ALFONSO X EL SABIO: Crónica General

Je voudrais trouver un crime dont l'effet perpétuel agît, même quand je n'agirais plus, en sorte qu'il n'y eût pas un seul instant de ma vie, où, même en dormant, je ne fusse cause d'un désordre quelconque, et que ce désordre put s'étendre au point qu'il entraînât une corruption générale ou un dérangement si formel qu'au delà même de ma vie l'effet s'en prolongeât encore.

D. A. F. de SADE

I

Je songeais à Tanger dont la proximité
me fascinait et le prestige de cette ville,
plutôt repaire de traîtres.

JEAN GENET: *Journal du Voleur*

tierra ingrata, entre todas espuria y mezquina, jamás volveré a ti : con los ojos todavía cerrados, en la ubicuidad neblinosa del sueño, invisible por tanto y, no obstante, sutilmente insinuada : en escorzo, lejana, pero identificable en los menores detalles, dibujados ante ti, lo admites, con escrupulosidad casi maniaca : un día y otro día y otro aún : siempre igual : la nitidez de los contornos presentida, una simple maqueta de cartón, a escala reducida, de un paisaje familiar : enardecido quizá por el sol? : aborrascado tal vez por las nubes? : imposible saberlo : clima aleatorio éste, sujeto a influencias mudables, opuestas : a la dictadura versátil de los caprichosos imponderables : corrientes, depresiones, temporales, calmas súbitas que ningún metereólogo se aventura a presagiar, expuesto siempre a la burla, al mentís : luz desvergonzada, sol sarcástico allí donde reinar debiera el horizonte bajo, el cielo hermético, el fastuoso zarpar de nubes, en flotilla insólita, como esponjas tentaculares, sombrías : la infalible doctrina suplantada por un pragmatismo una pizca decadente y escéptico : el célebre anticiclón de las Azores, subiendo bruscamente de latitud y orientando su eje en el sentido N-S, empuja hacia la zona del Estrecho los frentes fríos que discurren más al norte y que os alcanzan por su extremo meridional : el menos activo, sí, pero capaz de provocar una depresión general en toda la zona, con posibles tormentas, eventuales chubascos y quién sabe si fortuitas, abundosas precipitaciones : y el docto que había

11

decretado cielo liso y mar llana bajo la tutela bienhechora del sol advierte horas después que el celeste chivo desmaya, palidece y se vuelve indolente, abúlico : menguado ya, entre la niebla que lo recata y que esfuma las ondas imbricadas del mar : motivo de reflexión, en cualquier caso, para el experto que, escabechado a puros laureles, anuncia por el artefacto temperaturas, humedades, presión higrométrica, velocidad del viento y precipitaciones por metro cuadrado con el aplomo y gravedad de un arúspice : el batacazo, sí señor! : patas arriba, en meros cueros! : ninguna solución sino afeitarse el bigote : como hizo el interesado en su día, en medio de la rechifla de unos pocos y la admirada conmiseración de los más : con los ojos todavía cerrados, a tres metros escasos de la luz : el diario esfuerzo de incorporarse, calzar las babuchas, caminar hacia las luminosas estrías paralelas, tirar de la correa de la persiana como quien sube agua de un pozo : sol apático? : amotinadas nubes? : luz encabritada y violenta? : tierra muerta, quimérico mar : montes costeros, marejada repetida y monótona : petrificado oleaje de montañas desiertas, asoladas, desnudas : parameras inhóspitas, dilatados yermos : reino inorgánico quemado por el fuego del estiaje, herido por los cierzos invernizos : te concedes, inmóvil, unos breves instantes de tregua : a veces, el frente frío del anticiclón de las Azores ocupa la cuenca mediterránea y se adensa como en un embudo entre las dos riberas hasta anular el paisaje : nueva Atlántida, tu patria se ha aniquilado al fin : cruel cataclismo, dulce alivio : los amigos que aún tienes se salvaron sin duda

: ninguna pena pues, ningún remordimiento : otras, la niebla parece abolir la distancia : el mar convertido en lago, unido tú a la otra orilla como el feto al útero sangriento de la madre, el cordón umbilical entre los dos como una larga y ondulante serpentina : la angustia te invade : sudor frío, aleteos del corazón, palpitaciones : atrapado, preso, capsulado, digerido, expulsado : el consabido ciclo vital por los pasillos y túneles del aparato digestivo-reproductor, destino último de la célula, de todo organismo vivo : abres un ojo : techo escamado por la humedad, paredes vacuas, el día que aguarda tras la cortina, caja de Pandora : maniatado bajo la guillotina : un minuto más, señor verdugo : un petit instant : inventar, componer, mentir, fabular : repetir la proeza de Sherezada durante sus mil y una noches escuetas, inexorables : érase una vez un precioso niño, el más exquisito que la mente humana pueda imaginar : Caperucito Rojo y el lobo feroz, nueva versión sicoanalítica con mutilaciones, fetichismo, sangre : despierto ya del todo : ojos abiertos, vista atenta a los juegos y trampantojos de la luz en el cielorraso : un leve esfuerzo : tres metros, incorporarse, calzar las babuchas, tirar de la correa de la persiana : y : silencio, caballeros, se alza el telón : la representación empieza : el decorado es sobrio, esquemático : rocas, esquistos, granito, piedra : tierra insumisa y rebelde a la domesticada vegetación, al trabajo comunitario y gregal de las diligentes hormigas : años atrás, en los limbos de tu vasto destierro, habías considerado el alejamiento como el peor de los castigos : compensación mental, neurosis caracterizada

13

: arduo y difícil proceso de sublimación : luego, el extrañamiento, el desamor, la indiferencia : la separación no te bastaba si no podías medirla : y el despertar ambiguo en ciudad anónima, sin saber dónde estás : dentro, fuera? : buscando ansiosamente una certidumbre : África y tu primera visita al mirador de la alcazaba, con el panorama sedante de la otra orilla y el mar equitativo entre los dos : verificación cotidiana, necesaria : última garantía de tu seguridad frente a la fiera, lejos de sus colmillos y zarpazos : los músculos bruñidos por el sol, las fauces inmóviles, agazapada siempre, al acecho de la embestida : ahí mismo : tres metros, incorporarse, calzar las babuchas, tirar de la correa de la persiana : mirando a tu alrededor en un apurado y febril inventario de tus pertenencias y bienes : dos sillas, un armario empotrado, una mesita de noche, una estufa de gas : un mapa del Imperio Jerifiano escala 1/1000000, impreso en Hallwag, Berna, Suiza : un grabado en colores con diferentes especies de hojas : envainadora (trigo), entera (alforjón), dentada (ortiga), digitada (castaño de Indias), verticilada (rubia) : en el respaldo de la silla : la chaqueta de pana, un pantalón de tergal, una camisa de cuadros, un suéter de lana arrugado : al pie : los zapatos, un calcetín hecho una bola, otro tendido horizontalmente, un pañuelo sucio, unos calzoncillos : en la mesita : la lámpara, un cenicero lleno de colillas, un cuaderno rojo con las cuatro tablas dibujadas detrás, un librillo de papel de fumar de los que usa Tariq para liar la hierba : nada más? : ah, la araña del techo : cuatro brazos, lágrimas de vidrio : justamente hay dos bombillas fundidas, habrá que buscar otras en el bacal : intensidad 90 vatios : incorporado ya, sin remedio, a merced del nuevo día y sus aborrecibles sorpresas : refugio de microbios, podrido hasta la médula de los huesos : un último esfuerzo, coño! : tres metros y etcétera etcétera : mientras prosigues minuciosamente el apremiante inventario : una achacosa cartera de piel, un tiqué virgen del metro de París, un cheque a cuenta de la Banque Commerciale de Maroc, dos billetes de cien dirhames, una vieja reproducción de Tariq atigrado en una chilaba alistada y con las guías de los mostachos en punta : sin contar el libro del altivo, jerifalte Poeta que, despreciando la mentida nube, a luz más cierta sube : los cautelosos pies abrigados en las babuchas, inmerso en la apaciguadora penumbra fetal, avanzando a tientas por la lenitiva matriz : para tirar de la correa con la iluminación brusca del condenado a muerte, parpadeando ciegamente bajo la cascada solar : emborronada por el calor? : enturbantada de blancas nubes? : nada de eso : el mar alegre y azul, las remotas montañas canonizadas por coronitas espumosas de niebla : tu tierra al fin : contrastada, violenta, al alcance de la mano como quien dice : el anticiclón faltó a la cita, el cielo se extiende despejado sobre las aguas bravías del Estrecho : un cielo de Madonna de Murillo con angelotes que juegan y retozan sobre el cómodo edredón de una nube : un buque desliza veloz en los lejos mientras, acodado en la ventana, romántica, lermontovianamente recitas el negro ensalmo : adiós, Madrastra inmunda, país de siervos y señores : adiós, tricornios de charol, y tú, pueblo que los soportas

: tal vez el mar del Estrecho me libre de tus guardianes : de sus ojos que todo lo ven, de sus malsines que todo lo saben : comprobando una vez más, con resignación quieta, que la invectiva no te desahoga : que la Madrastra sigue allí, agazapada, inmóvil : que la devastadora invasión no se ha producido : llamas, dolores, guerras, muertes, asolamientos, fieros males : paciencia, la hora llegará : el árabe cruel blandea jubilosamente su lanza : guerreros de pelo crespo, beduinos de pura sangre cubrirán algún día toda la espaciosa y triste España acogidos por un denso concierto de ayes, de súplicas, de lamentaciones : dormid, dormid tranquilos : nadie desconfía de ti y tu plan armoniosamente madura : reviviendo el recuerdo de tus humillaciones y agravios, acumulando gota a gota tu odio : sin Rodrigo, ni Frandina, ni Cava : nuevo conde don Julián, fraguando sombrías traiciones

abierta la ventana, la melodía irrumpe : una nota sostenida a veces, quizás un breve arpegio : tañido por la flauta pastoril de algún émulo de Pan, compañero de Baco y persecutor de ninfas : escueta, ligera, sutil : suasoria : grávida de sugerencias, invitaciones, promesas : abandono de hogar, huida al monte, vida andariega y rústica : todos los pesares y nostalgias condensados en un simple acorde que el afilador ensaya y repite día tras día : hombre joven tal vez, recién catapultado de la cábila, buscándose la vida como puede por las calles inciertas de la ciudad, por esa amable selva urbanizada, por esos tiempos procelosos : con su bicicleta, correa, suavizador, esmeril : la boca emboscada en una barba de varios días, el pantalón remendado, los faldones de la camisa por fuera : quién sabe si algún chiquillo le sigue cabizbajo, absorto, pesquisando cajetillas de cigarrillos vacías, tapones de islamizada coca-cola : mientras con su inconfundible español de rezagado morisco, de último abencerraje pregona sus méritos y aptitudes, el vasto cúmulo de sus posibilidades operativas : navajas, cuchillos, cortapapeles, raspadores, tijeras : aguardando ventanas que nunca o casi nunca se abren, antes de llevar otra vez la flauta a los labios y ejercitar especialmente para ti, se diría, la melodiosa, perspicaz tentación : augurio de una vida mejor y más libre, lejos de la funesta Península y de su aletargada fauna : con aguda y enigmática sencillez : sedativa diana que inaugura el nuevo día, compensación y antídoto del brutal despertar : apostado en el chaflán como de costumbre, fuera de tu campo de observación : probablemente a pocos metros de la tapia que rodea el agreste, descuidado solar de enfrente : terreno en venta, razón Agencia Hércules, Sanlúcar 52, Tánger : en el que, como otros días, los niños vagabundos del barrio parecen haberse dado cita : ocho o diez, esparcidos entre los escombros y arbustos, jugando a ladrones y policías de ordinario, a algún silente ceremonial críptico hoy : avanzando con varas y palos, en ecuación lacónica, hacia el severo e incipiente ministro del culto : un muchachito europeo tocado con un sombrero tejano y con dos revólveres plateados al cinto : guerrilla precoz que en abanico se despliega a través del matorral y, a una seña del jefe, se recoge y encomienda el espíritu a la divinidad improvisada y dudosa, para alzar luego, en concertada simultaneidad, los cimbreantes fustes y descargarlos con furia sobre un arborescente matojo : sobre el secreto verdosamente celado por la frondosidad inculta, objeto de su arriesgado periplo, de la nocturna y callada iniciación gnósica : visible ahora gracias a los golpes que lo impelen y expelen, lo agitan, lo zarandean : el cadáver de un gato pelón y tiñoso, rígido, que ha apurado ahí, en esa desatendida maleza, una larga y azarosa travesía llena de sinsabores, de infortunios : punto final de una desastrosa carrera de hambre, escasez, privaciones : puntapiés, persecuciones, cantazos : existencia rescatada, quién sabe, por furtivos momentos de amor : ardientes noches del invierno africano, propicias a todos los éxtasis, a todos los olvidos : roncos maullidos de prodigiosa densidad erótica que a menudo, en medio de tu sueño, te desvelan : relegados ahora por la flexible modulación de la flauta : delgada, mudable, casi en sordina : como si, abandonando los caminos trillados, el afilador tentase la suerte más lejos : hacia los descampados de la avenida de Madrid, hacia las urbanizaciones bruscamente interrumpidas por la independencia política y la consiguiente huida masiva de los inconfesados, inconfesables capitales a otras latitudes más benignas, a otros climas más serenos : y disolverse al fin en el pulso sonoro de la ciudad : el tiempo de encender un cigarrillo e ir como todas las mañanas a la cocina y abarcar de una compendiosa ojeada, el díptero e himenóptero desastre, el fúnebre y renovado botín : ejemplares de diferentes especies sorprendidos por el poderoso insecticida como los habitantes de Pompeya y Herculano por la lava del rugiente volcán : muerte súbita que extiende sus voraces tentáculos por el Foro y los Terme Stabiane, el Templo de Isis y la Casa degli Amorini dorati : alas membranosas, balancines, boca chupadora perfectamente conservados entre los peristilos de columnas dóricas, los pórticos de mármol, los pompeyanos frisos : esperando la pluma del Bulwer que los inmortalice : moscas de cuerpo corto y grueso : hormigas de estilizadas formas y extremidades largas : tábanos de metamorfosis complicada y labio inferior que se prolonga en tubo : alguna abeja tal vez, alguna cucaracha : muertos en acto de servicio : digestivo o reproductor : en la euforia del opulento banquete o en implicante y morosa conjunción copulativa : en el macellum o en el lupanar : mientras aflojas el cordón de la bolsita e introduces en ella a las víctimas con ayuda de una añosa tarjeta postal : retrato de una jeune fille Arabe muy comienzos de siglo, rabiosamente coloreado a posteriori : sin olvidar por eso el cómputo, el balance aproximativo del siniestro : muertos y más muertos centrados alrededor del carnoso señuelo y de los bien dispuestos montoncillos blancos que diligentemente ingresan en el buche de la bolsita bajo los auspicios del aflojado cordón : cincuenta o cien : a tarjetazo limpio : antes de recoger, a su vez, a los otros : los excéntricos, los marginales, los periféricos : entre los cipreses de la Villa dei Misteri o en la explanada del cuartel de los gladiadores : y, borradas las huellas de la emboscada, abrir la ventana de par en par y despejar la atmósfera : con el reclamo de la doble invitación : los menudillos de gallina y el azúcar en polvo : panal de rica miel donde los golosos han muerto y mueren y morirán : para mayor provecho de la bolsa hambrienta, del cordoncillo avaro : listos ya para la introducción lateral en la chaqueta y el cotidiano paseo hasta la biblioteca del bulevar : el tiempo de que los voluntarios acudan y repetir la encerrona, a tu regreso al apartamento, unas horas más tarde : con la caterva de insectos agrupados en torno del azúcar y los menudillos : cortándoles previsoramente la retirada y rociándoles con el pulverizador de DDT : el mecanismo de captura está en marcha y te vistes y aseas en un santiamén : el embolsado tesoro impera sobre la mesa de la cocina y cuidadosamente lo depositas en el bolsillo izquierdo de la americana : sin una mirada para la costa enemiga, visible aún entre la ropa tendida del balcón y las chimeneas del vecino inmueble, cierras la puerta con el pestillo, aguardas la jaula del ascensor, sales cautelosamente a la calle

la vida de un emigrado de tu especie se compone de interrumpidas secuencias de renuente y laboriosa unidad : aunque despojada de su brillante estatuto internacional, la ciudad es crisol de todos los exilios y sus habitantes parecen acampar en un presente incierto, risueño y manirroto para algunos, austero y peliagudo para los más : probeta de intrincados experimentos químicos : de elementos de los orígenes y procedencias más dispares : burgueses precavidos, nobles elegiacos, dudosos comerciantes, especuladores fraudulentos, ejemplares de las infinitas escalas y matices de la compleja, portentosa, variopinta flora sexual : los ingredientes se yuxtaponen sin mezclarse jamás, como estratos geológicos superpuestos por el poso de los siglos o líquidos de densidad diferente que sobrenadan en la vasija experimental del científico o el estudioso : juntos sí, pero no revueltos : la gravedad específica que ejerce sobre ellos el centro común varía, como observó Fígaro, según la mayor o menor cantidad de moléculas que los integran : sólidos, líquidos y gaseosos : abajo, el sólido de los sólidos : costra del mundo, base del edificio social, sobre el cual se pisa, se anda, se sube : ni más ni menos que una piedra : en medio, el hombre líquido : corriendo y serpenteando encima del anterior : en movimiento continuo : a la caza de vacantes y empleos : hoy arroyo, mañana río : y en la cúspide, la ártica región del pensamiento : el hombre-gas, el hombre-globo : asombroso por su grandeza y su aparato y su fama : elevándose olímpicamente hacia alturas sublimes : con fuerza irresistible, como el tapón de una botella de champán : zonas bien demarcadas, reconocibles a simple vista : los beneficios de la ínclita sociedad de consumo no se manifiestan aún en esas tierras y la moda no uniforma ni iguala a los miembros de las diversas capas : así la interferencia, visible siempre, desentona más : resulta para el foráneo, para el no acostumbrado, infinitamente más brusca : el anciano ciego apoyado en el hombro de su lazarillo, zigzagueando de una acera a otra, a todas las horas del día, por todos los barrios de la ciudad : o la viejecita envuelta en una toalla raída, acurrucada contra el muro, inmóvil siempre, con la mano tendida, abierta como una estrellamar : acechando tu paso con ojillos suplicantes : muda como un reproche mudo o una muda interrogación : mientras tú tanteas los bolsillos en busca de moneda : desviando la vista y cambiando de acera cuando no tienes : o depositándola en el disco central del humano asteroide : cuyos brazos se cierran entonces sobre la presa y la engullen como si se tratara de una ostra : no sin determinar antes su valor : diez, veinte, cincuenta francos : y murmurar con voz apenas inteligible : el-jamdul-lah : interferencias éstas habituales, insertas en el orden normal de las cosas, en el mecanismo que rige el buen funcionamiento del conjunto : no las improvisadas y aleatorias, y por ello mucho más temibles, del sablista de profesión, del pobre vergonzante : al que hay que escuchar y compadecer, abrumado como está el infeliz por la prodigiosa sucesión de catástrofes de toda índole que sobre él se abaten y cruelmente se ensañan en la numerosa, desdichada familia : dolores, enfermedades, accidentes que recita con voz monocorde, apelando a la magra reserva de sus fisionómicas disponibilidades : decorosamente vestido para la circunstancia con un gabán un tanto desmerecido, irregularmente abotonado y con el cuello subido hasta la altura de las orejas : las perneras del pantalón desvirtuadas por el dilatado uso y unas melancólicas y extrañas botas de gimnasta: avanzando hacia ti con grave y atormentada sonrisa : la mano derecha escapada al encuentro de la tuya, con respetuosa impaciencia : buenos días, caballero : e informarse al punto de tu firme salud de roble : contrapeso necesario, obligado, de la suya tan frágil, tan calamitosa : así asá, regularcillo nomás : el dichoso hígado, como siempre, haciendo de las suyas, jugándome una de sus malas pasadas : con el tono oficioso de quien ha pasado media vida en las antesalas y despachos de la difunta administración hispana, en instancia de vago empleo o indecisa prebenda, en solicitud de socorro improbable : contaminado del castizo y militar ambiente, del paternalismo familiar y bronco de los de tu fauna : recadero, asistente, hácelotodo de algún sátrapa más o menos estrellado o con esperanzas de estrellar : de algún tiranuelo de escalafón y plantilla, esclavo a su vez del Reglamento y de los decretos del Boletín oficial : espiándote con sus ojos móviles, escurridizos, durante la exposición del sombrío cuadro : revestido de peto, careta, guante y manopla, presto a manejar el sable : el médico me recetó unas midicinas formidables, unas asperinas inglesas : bueno, asperinas no : unas pastillas pa eso, pa el hígado : muy, piro que muy buenas : pausa : piro muy caras : diez dirhames que valen las condenadas : qué digo? : doce, doce dirhames : que alivian en seguida el mal, sí : pero dígame usté : de dónde sacar los cuartos? : y, pasando del caso personal al familiar, del singular al plural, en una más vasta y asoladora perspectiva, ponerse en guardia con el florete orientado peligrosamente hacia ti : mi mamá, la pobre, como siempre : tirando bien que mal : setinta años ya y la salud y los disgustos : y

el dolor de cabeza que no la deja : que ni come la
pobrecilla : un poquito de pan por la mañana, una
taza de jarira por la tarde y pare usté de contar : como
si estuviéramos en Ramadán : y la asperina, eso sí
: dos veces al día, con un vasito de agua : de la
mezquita a la casa, de la casa a la mezquita : rizando
y pinsando : en sus hijos, en la familia de la cábila
: gente de bien : no morralla de esa que no se sabe
siquiera de donde viene : sino del país : buenicitos,
tranquilitos : uno con su chapuza, otro buscándose la
vida como puede, otro arreglándose los papeles en el
Amalato : un poquito apurados de dinero, es verdad
: el dichoso trabajo, siempre tan flojillo : piro sin
perder la confianza en Dios : espirando que las cosas
se arreglen, que alguna persona caritativa se acuerde
de ellos y les eche una mano : y esgrimir limpiamente
la espada para la estocada final : poca cosa esta vez
: nada, casi nada : quince, veinte dirhames : justo
para salir del paso : el tiempo preciso de esquivarte
por el chaflán antes de que te descubra y topar de narices con él : avanzando hacia ti con grave y atormentada
sonrisa : la mano derecha escapada al encuentro de
la tuya, con respetuosa impaciencia : buenos días, caballero : y, después de informarse de tu salud, entre-
garse a una prolija descripción de la suya : el hígado,
como de costumbre : o una trastada juguetona del
riñón : la crisis pasó ya, gracias a Dios : piro la procesión va por dentro : un cálculo sí, una piedrecilla
: y mamá, la pobre, pues tirando : setinta años ya y
la salud y los disgustos : que ni come pinsando en sus
hijos : sólo su asperina con un vasito de agua : gente

24

buena : no morralla de ésa, sino del país : un poquito apurados de dinero, sí : piro sin perder la confianza en Dios : casi nada : para comprar unos kilos de harena : veinte, treinta dirhames : volviendo la cabeza, con verecundo rubor : el sable hundido hasta la empuñadura : en tanto que tú te escabulles por la tangente, pegado a la tapia de ladrillos del vecino solar, corriendo a todo correr : y el corazón te late con fuerza y el cansancio te oprime : como si llevaras una jauría detrás : con la vista adelantada hacia la bocacalle que debe librarte de su presencia : alcanzándola al fin con infinito alivio y chocando de nuevo con él : decorosamente vestido con un viejo gabán abotonado hasta las orejas : las perneras del pantalón desvirtuadas por el dilatado uso y unas melancólicas y extrañas botas de gimnasta : buenos días, caballero : espiándote con sus ojos móviles, escurridizos, durante la minuciosa exposición del sombrío cuadro : el hígado, sí señor : setinta años ya y la salud y los disgustos : buenecitos, tranquilitos : espirando que las cosas se arreglen : casi nada esta vez : cien dirhames : tirando prudentemente calle abajo hasta llegar al bulevar : con una cautelosa mirada hacia los bancos del paseo y el muro del ferrocarril y los establecimientos de baños : el viento hace oscilar las pencas de las palmeras y unos chiquillos apedrean el penacho de una de ellas, apuntando al copioso, bien granado racimo de dátiles : algunos automóviles circulan sin prisa, alguno que otro taxi : y el público de costumbre : parejas de turistas, los consabidos ociosos, un grupo de mujeres campesinas, tras sus borricos, camino del mercado : ninguna señal de

25

peligro a derecha ni izquierda : alegre pues, y con moderado optimismo : lejos de su radio de acción, mientras enciendes un cigarrillo y aspiras el humo : aseverativo y concluyente : por lo que respecta a hoy te has salvado

no es sordo el mar, la erudición engaña : y las corazonadas, a menudo, también : despejado el camino, el día te pertenece : dueño proteico de tu destino, sí, y, lo que es mejor, fuera del devenir histórico : del raudo progreso que, según testigos, juvenece la faz, ayer dormida y torva, hoy floreciente y dinámica del vetusto país : estaciones de servicio y moteles, películas verdosas y extranjeras con bikini en las playas : different, yes : lleno de sabor castizo, de soleado y tipical encanto : toros, manzanillas, guitarras : luz, colorido, flamenco : embrujo sutil de las noches hispanas : populorum progressio : gracias al tacto y competencia de vuestros esclarecidos tecnócratas : próvidos celadores del secular enfermo, condenado aún, después de previsora sangría, a la inmovilidad y al reposo, a la cura de sueño, a la hídrica dieta : en vía de recuperación al fin bajo la ubicua potestad de Tonelete : abandonando el lecho, hablando a media voz, dando los primeros pasos : cortos paseos por el jardín de la clínica : sin prisas de ir al gimnasio ni de dar volteretas : con una cautela que gana diariamente nuevos prosélitos : en esos años sórdidos, con esperanza de mejoras : televisión, 600 y todas esas leches : en el andén, sí señor : apeado del tren que trabajosamente

26

marcha : lento, pero seguro : sin reclamar tu puesto
en el nada eucarístico banquete : sin aspirar a las dis-
putadas migajas : en los limbos de un tiempo sin
fronteras : en el piadoso olvido : libre de seguir tus
pasos donde tus pasos te llevan : de contemplar los
jardincillos de la estación, el ininterrumpido ajetreo
de los autocares : de sustraerte a la labia del vendedor
de lotería, al celo del limpiabotas porfiado : mientras
el público discurre en calma delante de ti : campesinas
con sombreros trenzados, soldados de permiso, mujeres veladas, un viejo sobre un albo (dioscúrico?) caballo, algún rifeño de rostro riguroso y hermético
: y el breve huracán de pronto : una inconfundible
españolita que avanza elástica y ágil, como impulsada
por la admiración que suscita : los masculinos ojos
fijos en ella : en la brusca y candorosa insurgencia de
los pechos, en el bien guardado tesoro : teológico
bastión, gruta sagrada : tenaz e inexpugnable : pretexto de literarias justas, de pemanianos juegos : re-
buscadas hipérboles en donde se manifiesta una vez
más el natural ingenio de un pueblo singularmente
dotado para el culto requiebro, el conceptual piropo
: expresión cumbre de una retórica de la más rancia
estirpe nacional : gachona, guapa, sultana, requete-
chula, faraona que eres, emperaora : en voz baja, perdiendo saliva : cumplidos que ella finge no oír o
verdaderamente no oye absorta como está la criatura
en la agresiva insinuación del sancta sanctorum : cerrando filas, con la guardia en alto : pasando a un
metro escaso de tu mesa y ofreciendo al punto, a la
especulativa reflexión, las rotundas esferas, las enjun-

diosas posibilidades : que oscilan y ondean con movimientos helicoides al alejarse de ti y de cuantos no solicitados catadores ocupan la soleada terraza : imaginarios espeleólogos de la cripta, de las cavidades recónditas : residuos de la civilizadora presencia hispánica en esas tierras, algo cascados por la edad y los achaques, en la inopia operativa y mesiánica, con un sentencioso-palillo entre los dientes : afrontando ahora a los bardos del vecino café : junto al horario pizarroso de los autobuses y la perfilada silueta de un hombre con un revólver tácito y elocuente : JAMES BOND, OPERACIÓN TRUENO, última semana : hasta perderse de vista y anular de golpe los remotos sueños incumplidos, las jamás satisfechas esperanzas de los broncos y bizarros carpetos : presagiadas coyundas, dulces y no cantados tientos, fecundo, genitivo soplo : enfrascados de nuevo tus paisanos en la lectura del heraldo local, en el no man's land informativo, en la papilla dialéctica : prestigiosa muestra de vuestras realizaciones en este importante sector : discutiendo con el vecino y subrayando el evento cuando es necesario : con la voz recia, cavernosa del antiguo burócrata o jubilado suboficial : para estigmatizar las conductas irresponsables, tan frecuentes, ay, en esta hora transida de inquietudes polémicas : y reducirlas a continuación a sus justas proporciones : contagiados de la virulencia afirmativa del editorialista : avalándola con la fuerza de su carrasposa autoridad
me consta que es sólo una minoría muy restringida
en tanto que tú apuras el café de un sorbo y pagas la consumición y vuelves sobre tus pasos : hacia el horario

de los autobuses y la perfilada silueta del hombre del
revólver : acariciado por el lucrativo sol, tan esplén-
dido con los países subdesarrollados o en trance de
desarrollo : lejos del Norte frío, de la niebla infausta
: cielo bajo el cual, durante años, incomprensiblemen-
te has vivido : nubes densas y vaharadas de humo
expulsado, diríase, por chimeneas de fábricas en con-
tenida tensión revolucionaria : reemplazadas aquí, de
ordinario, por el sol diligente, por la noche serena :
cuerno lunar, estrellas que brillan en luminosos bata-
llones : a menos que venga, voluble, el anticiclón
: buscando con la mirada el cartel descolorido del
Croissant Rouge : al oreo de la lluvia y el viento, pero
visible aún : DONNEZ VOTRE SANG, SAUVEZ UNE VIE
: y precipitándote al dispensario más próximo : en
la tiniebla propia del anochecer : con las gafas
ahumadas y un bigote postizo : savia rica, espesa,
bienhechora : embotellada, distribuida, inyectada :
movimientos ondulatorios por las pléyades gangliona-
res, apoteosis florida : torciendo al fin por la primera
bocacalle y colándote por la puerta entreabierta : habitación rectangular con los estantes llenos de produc-
tos etiquetados, parada obligada en tu paseo sin rumbo por la ciudad : consuelos y alivios para todas las
cuitas, para todos los males que el viejo despacha sin
prisas : mientras comenta las dominicales incidencias
del campeonato nacional de liga con un futuro Di
Stéfano local : mozo de una veintena de años, de agra-
ciado aspecto, cuya rústica greña cubre apenas el
moruno bonete rematado en pompón : defensa, al
parecer, del juvenil equipo y con esperanzas de pro-

moción peninsular : asiduo entre tanto, según toda
evidencia, de los bares ingleses : en esas de vista gorda
y ancha manga horas nocturnas inciertas, de moral
acomodaticia y flexible, curiosamente situadas, con-
sensus omnium, más allá del bien y del mal : reloj cro-
nómetro chapado de oro, jersey de cachemira, pantalón de buen paño de Manchester : con el carné de
deportista profesional que utiliza de passe-partout y la
fotografía de la novia en la cartera : que muestra con
orgullo, sin duda, en los dulcísimos instantes de abandono, de impetuosa y radiante entrega : glosando ahora la operación de menisco de Fulano y sus aleatorias
consecuencias para el porvenir de la nación al tiempo
que el viejo descorre la mugrienta cortina y te invita
a pasar : en seguidita estoy con usté : con el cinturón
aflojado ya y la vista en los estantes cargados de
chismes, en la mesa camilla, en el tarro de vidrio :
como todos los días después del análisis serológico : en
claustrofóbica espera : con la infusa aprensión del
insecto amenazado de destrucción : intuyendo la cercana y letal presencia del enemigo : del artrópodo con
pinzas de cangrejo y afilado aguijón en la extremidad
abdominal : de pedipalpos poco desarrollados y cuatro
pares de estigmas : cuerpo cubierto de quitinosa coraza, respiración aérea, uña venenosa : durante las obli-
gadas prácticas de Ciencias Naturales : encerrado con
él en el palenque hermético : intentando escapar, res-
balando, probando de nuevo, volviendo a caer : con
los ojos neutros del reverendo y los alumnos clavados
en ti : alborotado el ritmo de tu nunca empedernido
corazón : fascinado por la rigidez de los anillados

segmentos, por la brusca erección de las pinzas : mientras el viejo dispone y recarga el agudo instrumento : atrapado en la breve y exigua palestra : desviando instintivamente la mirada, rechazando la blanda y horrible visión : los infantiles rostros que constelan el tarro y la sonrisa celestial del cura : con el sordo eco de tu pasada angustia y la frente orillada de sudor : tac : ya está : inoculando poco a poco la ponzoña que se diluirá en las venas, paralizará los centros motores y nerviosos, ganará irremisiblemente el cerebro : presto ya al fúnebre y sustancioso banquete, al sólito y deprimente final : amablemente : qué, le hago daño? : y tú, aguantando el tipo : no, en absoluto : pero respirando de alivio cuando él frota con el algodón y cierra el estuche y prosigue la futbolística charla con el mozo y tú te acomodas la ropa y sacas dos dirhames del bolsillo y le pagas y dejas el cuartucho y te despides y sales a la calle : al sol, a la luz, al griterío de la calle : con la jubilosa impresión de haber nacido otra vez y de estar vivo : optimista de pronto : como el que cree tener (engañándose siempre) toda la puñetera vida por delante

pisando la dudosa luz del día, escaleras arriba, hacia el rellano del principal : sombrío interior de un edificio un tanto deslucido, puertas con guarniciones de marquetería y un tiesto verde con un helecho escuálido : treinta y seis peldaños abruptos antes de afrontar la placa con la inscripción enunciativa en el negro aviso sobre fondo blanco : ENTRE SIN LLAMAR

: girando sencillamente el pomo que pone en marcha
el mecanismo desabrido del timbre hasta que la puerta
se cierra de nuevo, automáticamente y el piso se sume
en el grave silencio estudioso : media docena de personas, casi siempre las mismas, inmersas en la lectura
o la reflexión, aisladas en las recoletas habitaciones, a
solas con sus pensamientos y ensueños : sin contar el
viejo y somnoliento guardián : incrustado en su sillón,
como expiando una milenaria fatiga, una genética,
transmitida lasitud de tenaces, laboriosos abuelos : con
la vista perdida en los surtidores palmeños del bulevar,
en las pencas impelidas al cielo y dulcemente lánguidas : o carraspeando y bostezando en el nirvana de
su dedicación crucigramista : mientras el pulcro hombrecillo de la gabardina devora el último ABC llegado
de la capital : desde las esotéricas colaboraciones de
los inmortales (Era andaluz uno de los Reyes Magos?)
a las no menos esotéricas esquelas de quienes no lo
son, hélas (Rogad a Dios por el alma de don Abundio
del Cascajo Gómez-Gómez y Orbanagochea, camarero
de capa y espada de su Santidad Paulo VI) : y que
la prima donna de la sombrilla absorbe con un éxtasis
próximo al menopáusico deliquio las incidencias de la
aguerrida y virginal defensa urbi et orbi, de la heroína
de Corín Tellado : los asiduos, los consuetudinarios,
los abonados amén de los esporádicos, los circunstan-
ciales : un hombre de edad indefinida que consulta
los tomos de una enciclopedia popular de divulgación
médica y una señora vestida de luto, aficionada, al
parecer, a la jardinería y floricultura : pasando discre-
tamente junto a ellos, con un casi imperceptible buenos

días y adentrándote al fin en tu solitario reino : el rico depósito de sedimentación histórica de vuestra nativa, vernácula expresión : grave discurso, serenamente fluvial, del alma del país : obra depurada y cernida en lentos siglos de tradición : admirable tesoro : presente aquí desde el primer balbuceo de la glosa de San Millán : humilde y trémula oración de fraile encerrado en su celdilla como abejita afanosa : vagido de lábil criatura entre pañales : el niño Duero! : tan castizamente español ya : tan vuestro : cebado en hontanares de inspiración entrañable y profunda : discurriendo, señero, por el rancio e hidalgo solar : río que busca y halla, en cada etapa, el cauce oportuno : octosílabo vivaz, endecasílabo perfecto, soneto inmortal : curso de caudalosa, avasalladora corriente : guadianesco y soterraño a trechos, con esguinces y quiebros : pero fluyendo siempre : del romancero a Lope, de Lope a Federico : hasta los queridísimos poetas de hoy : vuestros tibios, delicados, fajaditos niños grandes : asombrados, gozosos, risueños : estupefactos : hablando de tú a tú con Dios : en arrobo perpetuo : capital preciosamente conservado acá tras cristales : catalogado, dispuesto, ceñido, alineado : en estantes asequibles a la mano o a la escalerilla : genios y más genios en rústica, pasta u holandesa con el impertérrito lomo vuelto hacia ti : abrumándote con el peso ejemplar de su heroísmo, su piedad, su saber, su conducta, su gloria : de tantos y tantos hechos y actitudes distinguidos y nobles : humanas flores todos de virtud cimera : guerreros, santos, mártires, conquistadores : de mirada inspirada, trascendental, ecuménica : con el laurel en las sienes o la fulgente aureola : encaramados en pedestales marmóreos, ofrendados a la común adoración plebeya, invocando imitativas adhesiones : bajo la autoridad enmarcada del Ubicuo : rejuvenecido aposta y con las mejillas coloreadas suavemente : por el rubor no, por la lisonja : en uniforme y con banda : enmedallado : en aquellos dichosos tiempos, abolidos por decreto ahora que soplan vientos conciliares y el cuerno de la abundancia os solicita, en que la derrota de sus compinches no imponía cautelas y era posible el vertical saludo y el imperial lenguaje, la camisa y la boina, la canción, el emblema : sentado ya en tu pupitre y compendiando, en breve y certera ojeada, la enjundiosa perspectiva : genio español del romancero, libro de caballería, auto sacramental : obras pletóricas de sustancia inconfundiblemente vuestra : estrellas fijas del impoluto firmamento hispano : del espíritu unido por las raíces a lo eterno de la casta : prosapia de hoy, de ayer y de mañana, asegurada siglo a siglo por solar y ejecutoria de limpios y honrados abuelos : desde Indíbil, Séneca y Lucano hasta la pléyade luminosa de varones descubridores de la ancestral esencia histórica, del escueto, monoteístico paisaje : Castilla! : llanuras pardas, páramos huesosos, descarnadas peñas erizadas de riscos : seca, dura, sarmentosa : extensas y peladas soledades : patria rezumando pus y grandeza por entre agrietadas costras de cicatrices : obra colectiva de esa preclara generación : la del Filósofo Primero de España y Quinto de Alemania, dispensando su alto y sideral magisterio desde el encumbrado anaquel de sus Hors-d'Oeuvres completos : deslumbrado tú aún por la condensación prodigiosa, en tan lóbrego espacio, de tanto nombre ilustre : semidiós, taumaturgo o profeta : la más densa del mundo por centímetro cúbico : postrado de hinojos ante sus estatuas, abrazado voluptuosamente a ellas : ah, poder entrar algún día en la plantilla, ser admitido en el escalafón! : anticipada baba te sube a la boca : seguir el juego, hacer acto de presencia, escribir cartas admirativas, organizar banquetes encomiásticos! : ante ti un porvenir radiante abierto en esplendoroso abanico : imitar a los maestros, parafrasear sus obras, revestirse de su prestigio, disfrutar de su inmunidad! : pasear por el mundo con un cadáver ínclito, ceñido en el manto de la virtud de un intocable! : recibir flores, jabones, guirnaldas, mimos, caricias! : exhibir una gran máscara! : pontificar! : acuciado de remordimientos, de esperanzas, de dudas : adoptando una estrategia a largo plazo, una táctica acomodaticia : frecuentando cafés y tertulias, cultivando amistades importantes : respetuoso, comedido, prudente : con sobresaltos y pudores : hasta la apoteosis final : espaldarazo académico, premio de la fundación Al Capone! : muellemente instalado en la plenitud de tu sueño : con una etiqueta de Don! : divagando en lo alto de tu mirífica ínsula : genio y figura hasta la sepultura! cuanto más genio, más figura! cuanto más figura, más genio! : y tu butaca reservada en el Gijón : disertando sobre mística, tauromaquia, estoicismo : sobre la concepción castellana del honor o el decálogo del cristiano caballero perfecto : convertido en institución nacional : en paradigma vivo : luz y guía de las nuevas, carpe-

tovetónicas generaciones : valetudinario y yacente :
con la mano apoyada en el corazón : hierático frente a
las absortas multitudes : ah, me duele España! : en
tanto que el hombrecillo de la gabardina pasa la página de ABC y la prima donna assoluta permanece
suspendida ante el alcázar-toledana defensa del virgo
de la heroína de Corín Tellado : dirigiéndote a los
estantes de la sección literaria y practicando en ellos,
rápidas, fructuosas calas : a cubierto de cualquier mirada indiscreta : buscando, entre la duda estéril, la
afirmación robusta : atormentada España a solas con
Dios! : los autores de genio y figura : los viscerales,
los castizos, los broncos : fósiles, crustáceos, dermato-
esqueléticos : fieles a las constantes inderogables de
vuestro espíritu, a las entretelas jugosas de vuestra
alma : Parnasos excelsos, florestas sublimes : soneto,
criatura virginal y perfecta, cítara y arpa, dulce violín
de musical madera conmovida! : escalando a los nive-
les superiores gracias a la barra de metal que, paralela
al suelo, corre a lo largo de las estanterías y en la
que se engancha la escalera de mano : indagando en
la necrópolis de los bardos y escogiendo algún recio
drama de honor : de Calderón, Tirso o del con razón
Vega por lo siempre llano : volviendo de nuevo a
tierra y regresando a tu pupitre con el sabroso botín
: el guardián bosteza como si se fuera a tragar el
mundo : con quijadas de bull-dog : sus ojos miran
hacia los verdes penachos de palmera encuadrados en
la ventana y, al cerrar la boca, su rostro se agrieta y
desquicia, como una estructura arcillosa que se derrumba : el lector de la enciclopedia médica se ha eclipsado

misteriosamente y la señora de luto hojea en silencio sus tratados de jardinería : nada a la derecha, nada a la izquierda : libre totalmente en tus movimientos : con los libros apilados en el pupitre, erigiendo una protectora barrera entre ti y el guardián : que bosteza abismáticamente otra vez mientras tú buscas en el bolsillo izquierdo de la americana y sacas la fúnebre y recatada bolsita : tu pequeño capital : cifrando velozmente el modesto, pero salutífero haz de posibilidades : moscas, hormigas, abejas, tábanos : quizás alguna araña opulenta y velluda : vaciando el contenido sobre el hule, en apetitoso montón : insecticida catástrofe no registrada en los anales que tú observas y abarcas con resolución pronta y fría : alcanzando el primer volumen de la pila y depositando entre sus páginas una hormiga y seis moscas : en el quintaesenciado diálogo de Casandra y el duque : esto disponen las leyes del honor, y que no haya publicidad en mi afrenta con que se doble mi infamia : cerrando de golpe, zas!, y aplastándolas : ojo avizor, cuidando que el guardián no te descubra : mientras abres el libro y compruebas morosamente el resultado : con el prurito aperitivo del viejo catador : espachurradas, la masa abdominal por de fuera! : indelebles manchones que salpican la peripecia dramática y la contaminan con su difluente viscosidad : cabos, ensenadas, bahías : caprichosas formas geográficas : islas, verdaderos archipiélagos : eliges otro volumen, otro dramón : qué sentimientos elevados, qué grandeza de espíritu! : el magnífico dúo de Diego Laínez y el conde Lozano batiéndose a estocada limpia : que es dañoso discurrir, pues nunca acierta

37

a matar, quien teme que ha de morir : una abeja, ocho moscas y zas! : sin palpar el fruto esta vez : enfilando la vecina habitación con el rabillo del ojo : precaución inútil : el lector de ABC sorbe con pasmo las delicias de la inimitable prosa y la gorda fondona de la sombrilla emite vagarosos suspiros : dormita el guardián : luz verde pues : camino libre : entre los lentos paisajes del Noventa y Ocho : graves, monacales, adustos : por la llanura inacabable donde verdea el trigo y amarillea el rastrojo : centrando tu interés en una araña de dimensiones medias : ocho ojos, cuatro pares de patas, dos orificios respiratorios, pedipalpos, quelíceros : sorprendida tal vez en la tenebrosa captación de la víctima : y ajustando apretadamente las páginas, sin resistir a la tentación de mirar : inmovilizada para siempre en la jugosa descripción de la aldehuela apiñada alrededor de su campanario : admirativo de tu propia obra : contento y orgulloso de ti mismo : escogiendo ahora el tomo en rústica de las mil mejores poesías de la lengua : el "Dos de Mayo", el soneto de Enrique López Alarcón! : reteniendo apenas la saliva cuando depositas el macizo cadáver de un tábano y zas! : consummatum est : roto el impecable endecasílabo, emborronado el rotundo terceto! : ahogando en la garganta el grito de Tarzán : alegría tumultuosa que exulta y desborda, atrae la atención del guardián y le arranca de su invernal somnolencia : para iniciar uno de los bostezos troglodíticos y desperezarse al punto y dirigirse a tu sector : el tiempo preciso de espachurrar los últimos cadáveres y endosar una máscara seria y estudiosa : simultáneamente a la

alternada oscilación de las extremidades del hombre
: que mira ahora por la ventana con injustificada
aprensión y arriesga la diaria observación meteoroló-
gica : como siga ese viento norte mañana tenemos
lluvia, no cree? : tú dices que sí, probablemente, y,
luego de cerciorarse que todo está en orden, él bosteza
de nuevo, vuelve sobre sus pasos, vacila unos segundos,
se deja caer : ontológicamente fundido con su sillón
: es el momento de escabullirse y devuelves los libros
a su lugar : los de abajo primero, y los otros con
ayuda de la escala : a su vasto y tutelar panteón :
bajando otra vez y ocultando la bolsita con la diáfana
impresión del deber cumplido : cruzando la habitación
en sentido inverso junto a la primissima de la sombrilla, la dama de luto y el flordeliseado lector de
ABC : ganando la salida al fin y escuchando aún
desde la escalera el áspero resorte del timbre

enredados aún en tu memoria, tal implicantes vides,
los versos de quien, en habitadas soledades, con sombrío, impenitente ardor creara densa belleza ingrávida
: indemne realidad que fúlgidamente perdura y, a
través de los siglos, te dispensa sus señas redentoras
en medio del caos : rescatándote del engañoso laberinto : de tu cotidiano periplo por dédalos de materia
incierta, esponjosa : sin saber dónde está la verdad
: en la impresión sensorial o la memoria del verso :
oscilando de una a otra mientras caminas dibujando
jeroglíficos : inmerso en la multitud, pero sin inte-
grarte a ella : a diferente diapasón : captando

sutilmente la presencia (irrupción) de signos que interfieren (violan) el orden aparente de las cosas : movimientos bruscos, ruidos desabridos, gestos ásperos : pequeñas (sordas) explosiones de violencia : ecuación cuyos términos desconoces, escritura que inútilmente quisieras descifrar : como hundido en un sueño que interminablemente se desploma : abriendo los ojos y despertando al fin : JAMES BOND, OPERACIÓN TRUENO, última semana : bordeando de nuevo terrazas de cafés y agencias de viaje : campesinos rifeños, mujeres veladas, soldados de permiso : envuelto de pronto en la onda sonora de una sinfonola que gangosamente difunde un hit-parade de los Rolling Stones : musical cruzada que se diluye y muere en la tónica atmósfera luminosa como el curso de un arroyuelo en el mar o la bien ordenada caridad en el inmenso piélago del sufrimiento anónimo : favoreciendo auditivamente a unos pocos y dejando en la inopia a los más : indiferentes, por otra parte, a tal beneficio : vendedores de lotería, ganchos, limpiabotas : satélites que orbitan alrededor de la estación de autocares y extraen de ella sus escuetos medios de vida : corriendo tras una suerte tornadiza y esquiva que escurre con inquietud entre sus dedos y se hurta ágilmente a su tacto : o concede, supremo favor, un pálido simulacro de sonrisa : chapuzas mal pagadas, propinas irrisorias que prolongan el mal sin remediarlo y entretienen un larvado y endémico sentimiento de frustración : entre los cestos, bultos y equipajes de los resignados viajeros de Arcila, Tetuán o Larache que soportan de pie, sentados o en cuclillas el horario informal : al tiempo que subes la cuesta hasta la parada de taxis : camino del cine América y escalera de la Tenería : con sus habituales pordioseros del rellano y los ociosos acodados en la baranda : itinerario que sabes de memoria y que pudieras cumplir casi a ciegas : torcer a la izquierda por Tapiro, dejar atrás el café de la Azotea y el callejón interceptado por una puerta maciza con la borrosa inscripción DON ÁLVARO PERANZULES ABOGADO, continuar todavía hasta Ben Charki, seguir la ronda de la muralla frente al hotel Cuba, alcanzar por fin la galería cubierta y sus decrépitos futbolines : el café moruno duerme apaciblemente a esta hora : los asiduos del loto no han venido aún y el estrado de los músicos permanece desierto : las fotografías retocadas que adornan las paredes dan la impresión de añorar como tú las notas agudas de la flauta y las femeninas ondulaciones del niño bailarín : insólita y campesina flor que juega y travesea con el pañuelo al compás del rabel : en el denso, aromatizado ámbito del humo que exhalan pipas y vasos : de té con hierbabuena y picadura de hachich : mientras el lotero saca los cartones numerados de la bolsa y su acólito los pregona a voz en grito : tlata! achrá! set-tín! : y que tú bebes la fragante infusión y fumas pausadamente tu primer cigarrillo : con la tácita y benévola aprobación de los astros : Pelé, Cassius Clay, Umm Kalsúm, Farid-el-Attrach : reyes aquí en lugar de Tonelete : libre de la presencia de los tuyos y de su condensada necedad : árabe, árabe puro : amigo y cómplice del robusto Tariq : Ulyan, Urbano o Julián : en el balconcillo que domina el mar y la ribera hostil : puesto

que es de día y el sol calienta y resulta agradable
tomar el aire : pero no te decides a subir y te conten-
tas con mirar el saledizo en donde te acomodas de
ordinario : diminuto y frágil visto desde abajo y sus-
tentando ahora el peso de dos hombres en chilaba,
absortos, diríase, en su recíproca y muda contemplación : prosiguiendo tu camino por la calle de
Portugal, bajo las viviendas incrustadas en la muralla
: al acecho de la realidad oculta tras el engañoso
barniz : mensaje cifrado cuyas señas llegan con intermitencia hasta ti, requiriendo bruscamente tu atención
y extinguiéndose al punto : un muchacho que avanza
transistor en mano, aislado del ambiente por la leve
y portátil armonía de la música : envuelto en ella
como en una sutilísima atmósfera personal : melodía
cuya sonoridad aumenta a medida que la distancia se
reduce y que se interrumpe de pronto, segundos antes
de cruzarse él contigo, reemplazada por la voz grave
y suficiente del locutor : han escuchado ustedes, señoras y señores, una selección del balé la sífilis de Federico Xopén : sífilis o sílfides? : igual da : el mensaje
está ahí y el faraute se aleja con su músico y transparente halo dejándote sumido en un mar de aleatorias
conjeturas : sauvez une vie, donnez votre sang : por
qué no? : embotellada y servida por Caritas, con el
trigo y las hostias de la pax americana : napalm allí,
leche acá : con sonriente imposición cardenalicia y, si
se tercia, la mismísima bendición del papa : al pie
de la escalera abierta en la muralla, sin atender a su
abrupta solicitud : siguiendo, al contrario, cuesta arriba, hasta la encrucijada que lleva al Zoco Grande : de-

teniéndote unos instantes a tomar aliento y adentrándote en la compacta multitud : reino absoluto de lo improbable : de las ventas inciertas y transacciones dudosas : hormigueo de gestos, proliferación de voces, regateos que imantan los inevitables curiosos en torno al improvisado palenque del forcejeo ritual : cautivo de ese primario universo de economía de trueque no embellecido por el fausto del hollywoodiano tecnicolor : el de las películas de María Montez y John Hall con sus cromáticos mercados de los tiempos de Aladino y Alí Babá : mujeres acuclilladas junto al pañuelo o cestillo que contienen su exigua, problemática mercancía : un manojo de hierbabuena, una docena de higos chumbos, un racimo de dátiles : con sus vastos sombreros de palma resguardándolas del sol : que brilla ahora en el cenit, satisfecho y orondo de su altiva condición : bermejazo platero de las cumbres a cuya luz se espulga la canalla, diría Quevedo : cobijando, tutor ciego, todas las lacras e injusticias del mundo : las aceras llenas de hombres flacos y como sonámbulos, silenciosos, apoyados en las paredes en actitudes hieráticas y mirando sin ver : los niños pedigüeños que te tiran de la manga abrumándote con sus vocecitas quejumbrosas : a cuantas sombras errantes, acampadas en un aletargado torpor que exige de ellas el mínimo desgaste físico, aguardan en vano la barca de Carón junto a las ondas amargas y cenagosas del Cocito : avivando, el muy cegato, el proceso natural de descomposición : olores densos, emanaciones agrias que voluntariamente aspiras con fervor catecúmeno, como en una severa y exigente iniciación órfica : fuera de

43

los menguados beneficios de la arrabalera, peninsular
sociedad de consumo : de esa España que engorda, sí,
pero que sigue muda : proclamándolo orgullosamente
frente a tus engreídos compatriotas : todo lo que sea
secreción, podredumbre, carroña será familiar para ti
: caricias rudas, lecho áspero : antiguo y sabio amor
de mahometano chivo : lejos de vuestras santas mujeres y sus sagrarios bien guardados : sorprendido por
la fantasmal aparición de un mendigo que viene hacia
ti trabajosamente, abreviando en su lastimera persona
todo el humano rigor de las desdichas : el cráneo cubierto de pupas : un ojo tracomoso estrecho como un
ojal y el otro adornado con un ojo de muñeca de color
turquino, engastado en la órbita con demencial fijeza
de resucitado, fabuloso cíclope : una andrajosa chaqueta sobre el torso hundido y raquítico : calzones
moriscos sujetos a las corvas : piernas desnudas, normal una y encogida la otra, con un pie casi vertical
que apoya solamente en el suelo la punta de los dedos
descalzos, como si caminara de puntillas : cuando te
tiende la mano y le das unas monedas tu gesto te
parece en seguida sacrílego : limosna a un rey? : el
pordiosero se aleja oscilando como una peonza y su
pie contraído tal pezuña de chivo cobra de pronto, al
andar, la gracia alada de una Pawlowa o un Nijinsky
: perdiéndose en el gentío con su súbita y esbelta
hermosura mientras tú subes lentamente la cuesta entre
los primeros tenderetes del mercado : sosegando a
duras penas las palpitaciones destempladas de tu corazón : rehusando el especioso surtido de mercancías,
la polifacética actividad de los vendedores : frutas, le-

44

gumbres, verduras, sémola de alcuzcuz que publican
con gritos que se clavan en tus oídos como breves, fulgurantes punzadas : y que estilizados, casi abstractos
perros buscan en vano alimento en los desperdicios del
arroyo y nubes de moscas revolotean y se posan en las
melifluas montañas de pasteles : negras, velludas, pringosas : como para espachurrar las obras completas del
Fénix : del supremamente ensalzado dramaturgo nacional : el grand canard farci de vuestra aguachirle castellana : nostalgia fugaz que te arrebata al bello siglo
de Cartón Dorado y a tu país de mierda : obligándote
a recitar, para consolarte, la Profecía del Tajo : oye que
al cielo toca con temeroso son la trompa fiera que en
África convoca el moro a la bandera que al aire des-
plegada va ligera : de un tirón, sin tomar aliento : y
regresar después, aplacado, a tu patria de adopción
: al mercado oriental despojado de los oropeles de la
Metro o de la Paramount : a la prolongación de la tangerina calle de la Playa : extrarradio por el que las
amas de casa se aventuran ya y en el que la compraven-
ta adquiere un precario matiz de respetabilidad europea : olores menos fuertes, moscas menos abundantes
: frutas lustrosas, verduras limpias, pasteles protegidos
por un hollejo transparente de plástico : meritorio
esfuerzo de diversificar la clientela y atraer a las caute-
losas capas medias que fluctúan de lo sólido a lo
gaseoso, de regatones ascendidos a comerciantes en
callada, tesonera promoción : expresándose correcta-
mente en español y chapurreando el francés : hasta
desembocar, por fin, en el Zoco Grande y su abiga-
rrada perspectiva : puestos, barracones, bazares, cam-

panilleo de aguadores, corrillos de curiosos, aroma de
mergüez y pinchitos : abriéndote paso entre las ma-
jestuosas chilabas y topando inopinadamente con el
autocar de los marcianos : enorme como un cetáceo
y morrudo como un tiburón : con el techo y laterales
de vidrio : insonorizado, climatizado, musicalizado :
momentáneamente liberado de su carga aguanosa y
rolliza : de las Very Important Persons venidas del
otro planeta en busca de otoñales aventuras : Lawrence
de Arabia con Peter O'Toole : agrupadas ahora alrededor del guía como medroso rebaño al tiempo que
acribillan la explanada con sus máquinas fotográficas
y cámaras de 16 mm. : y que tú te aproximas a ellos
con simultánea (y opuesta) voluntad de exotismo y te
ofreces (gratis) el distraído juego de colgarles una
etiqueta
seis notables del Bronx
diez peleteros de Chicago
un gentleman-farmer de Texas
una delegación de espeleólogos
dos críticos musicales de vanguardia
una pareja de recién divorciados
cinco viudas de guerra
absorbiendo entre tanto con delicia la enjundiosa y
fluida plática del culto cicerone : anglo-sajona versión de vuestro inolvidable Castelar : periodos redon-
dos, frases rotundas : esmaltada de amena y elegante
erudición
fair ladies and good gentlemen, as you can see, Tangier
is a wide-open city in all the senses of the word : it
has been called the Land of the Dark Parting : because

46

of the ambition of the Arab girls to become platinum blondes : Tangier is one of the world's few remaining pleasure cities : and no questions asked : the Zoco Grande, here, is good fun on market days : snake charmers, story tellers! : let us now sit outside the Café del Moro : on your right : drink mint tea to the concerts of Arab music : eastern music! : its romantic mystery : genuine Moors : as well as your dear American friends : a favorite excursion is to Hercules' Caves where the hero-god lived : the cool levante, the eastern wind! : the magnificent bathing-beaches with such historic names! : Trafalgar, Spratell!

mientras los vendedores ambulantes asedian al grupo con su eficiente panoplia : collares, aretes, anillos, gorros morunos, tarjetas postales, ramilletes de jazmín, objetos de cobre : conforme a las reglas de una habilidosa y paciente estrategia político-militar : de campesinos avezados a la moderna lucha de guerrilla : hostigando tenazmente los puestos periféricos antes de proceder al victorioso asalto final : astutos émulos de los veteranos de la Gran Marcha : en la fase optimista y abierta de las Cien Flores : táctica rodada y perfeccionada, cuyos resultados primorosos saltan a la vista : baratijas del Viejo Mundo por $ americano respaldado por oro de los cofres de Fort Knox : repitiendo, a la inversa, la antigua proeza de vuestros nautas : gachupines surgidos de colombina nao frente a los aturdidos siboneyes : representados, al parecer, por una opulenta reina : objetivo primordial, cuando menos, del fuego graneado : una imponente Hija de la Revolución Americana derechamente escapada de la

47

fotografía de Avedon : en robe de soirée, con monede-
ro de raso y banda : sustituidos ahora por traje de lazos, bolso de marroquinería y unas especulares gafas
ahumadas : grandes, sí, pero que no resguardan de
modo suficiente la nariz : despellejada por el sol y ma-
lamente cubierta con una hoja de papel de fumar : sobre la boca embadurnada de rouge y la sotabarba : el
escote inmenso, enunciativo, escabroso : subrayado
por un volante tenue y primaveral : los pechos que parecen despeñarse a pesar de la rígida muralla de con-
tención : de la disposición vertical de la tela que, desdeñando la borrosa cintura, cae a pico hasta las rodillas
orbiculares : en el límite de la orla de flecos : sobre las
macizas columnas sostenidas por zapatones con suela
de corcho y abiertos por delante : autorizando así la
clamorosa manifestación de los dedos : irregulares,
palmipartidos, autónomos : con diez toques de laca
rojiza, como otras tantas cerezas rubicundas, apetitosas
: sintetizando en su vasta persona las virtudes magníficas
del gran pueblo : de los modernos cruzados de la sonrisa :
vuestros salvadores : feliz en medio de los duendecillos
que la asaltan con múltiples y extravagantes ofertas
: look here : not expensive : souvenir : tocada ya
con un fez rojo rematado en borla : decorada con
rutilante bisutería : en la euforia mezzo alcohólica,
mezzo sentimental de la persona frescamente liberada
de mezquinos e inhibidores complejos : por vía sicoanalítica o por la otra : más fácil y menos gravosa sin
duda en esos países de mano de obra abundante e
industrialización escasa, proverbialmente enardecidos
por el sol : acogiendo con benigna indulgencia el

juvenil desparpajo del eventual curador : del apuesto mozo que, como sus antepasados bereberes, la adorna y engalana : primitivo y simbólico rito prenupcial, rico en promesas dulces, en ardorosos lances : un ramillete de jazmín en el amplio cauce del escote : nice, very nice : dejándole hacer, en éxtasis, cuando él le planta otro en los mechones que emergen del tiesto invertido del fez : wonderful : coronada de laureles y pámpanos : florida y silvestre : un verdadero vergel : como vacuna res el día de san Antonio : abandonándola a la feraz inventiva de los gnomos orientales y volviendo la espalda al group : en marcha otra vez : junto a los tenderetes de pasteles y los curanderos milagrosos : en la masa fluida de peatones que se dirigen al embudo de Semmarín : embocándote con ellos a la sombra de las primeras casas, sin decidir todavía el itinerario : apurando la tregua de los cien metros que te separan de la bifurcación : los transeúntes caminan despacio y se detienen a mirar los escaparates y harás como ellos, curiosearás también : el día es tuyo, ningún compromiso te retiene : elegirás, si te apetece, la derecha y torcerás por Tuajín : a lo largo de los talleres de joyería, dejando atrás la pensión Liliane y el hotel Regina, la callejuela de la Sinagoga, el almacén de muebles : espejos, sofás, perchas, paragüeros propiedad de alguna difunta tía, liquidados por sus herederos con un comprensible suspiro de satisfacción : amontonados en la calle y añorando sin duda un tibio, crepuscular ambiente de biombos, retratos de familia, teteras chinas, vago olor a gato : expuestos a la vergüenza pública, en el inhóspito

desamparo de la vejez : desdeñando la engañosa oferta
de subir por Trinidad Abrines y dar con un veneciano
cuppo di sacco : continuando, pues, por Tuajín hasta
Alejandro Dumas y la silenciosa calle de América :
captado una vez más por el halo romántico que envuelve el consulado vetusto y su somnoliento, recatado
jardín : hacia la escalera abierta en la muralla o ca-
yendo en la trampa del Bastión Irlandés : callejón sin
salida que te obliga a volver sobre tus pasos y, por
América y Alejandro Dumas, te orienta fatalmente
hacia la calle del Horno : estrecha y cubierta, con las
fachadas casi juntas : asimetría concertada de alarife
ocurrente, aprovechado, tenaz : superficies y planos
que escapan a Descartes y también a Haussmann :
líneas y segmentos hacinados como para alguna proposición geométrica indemostrable : rehusando la
acogedora penumbra de Bramel y de Sale : en el dilema de tirar por Khetib hacia Temsamani o bajar por
Muley Selimane hacia Colaço y Ben Charki : siguiendo
aún por Horno, junto al callejón de la Sombra y bifur-
cando después por Ksour : por el antiguo barrio de
burdeles adonde has acompañado alguna vez a Tariq y
has hecho el amor con una rifeña, agreste como una
cabra montesa, con la frente ornada de tatuajes y los
dientes enfundados en oro : canjeando el arco y la
fuentecilla de Karma por el abrupto desfiladero de Cruz
Roja Española que desemboca unos metros más abajo :
en la parte inferior y más ceñida de Ben Charki : doblan-
do la esquina del edificio señalado con un murciélago,
una herradura y la testa enigmática del diablo : y
asomando, al cabo, a la cegadora luz de Tapiro : hacia

don Álvaro Peranzules, el hotel Cuba y el café moro :
Cassius Clay, té con hierbabuena, aroma de Kif : los
músicos acomodados en el estrado, los jugadores de
loto' : buscando en vano la esquiva silueta del niño
bailarín : que duerme probablemente a estas horas
mientras tú permaneces en el cruce indeciso y optas,
finalmente, por Almanzor : renunciando, pues, a la
Mellah, a la escuela coránica, al itinerario por Chorfa
de Quazán y las Once hasta el Zoco Chico : bordeando
hoy las tiendas de tejidos y el mercado de especies, sir
Reginald Lister y la calle del Trigo : torciendo a continuación por Necharin tras una inquietante mujer
: velada no : amordazada : con un pañuelo basto que
va de oreja a oreja y unas gafas oscuras que abundan
asimismo en la hipótesis del rapto y hacen plausible
la idea del rescate sugerido por el ubicuo anuncio de
: JAMES BOND, OPERACIÓN TRUENO, última semana :
cruzando con ella la onda musical de un invisible
transistor que emite a todo grito el aire pegadizo del
chotis "Madrid" : por el corredor de la calle de los
Arcos, hasta que ella toma la derecha por Nasería y
tú la izquierda por Beni Arós : en dirección a la
blanca mezquita de los Aisauas y su plazoleta de forma irregular : en el momento preciso en que una
banda de niños brujos, vestidos con diminutas chilabas, hacen una leve, delicadísima aparición : siguiendo
un gallo que vuela torpemente, perdiendo raudales de
sangre : con el cuello casi tronchado y la cabeza in-
verosímil del revés : zigzagueando, como si quisiera
eludir su destino y caminando, sin saberlo, hacia él
: te detienes : sus alas baten el aire con furia, sus

ojillos revelan un estupor vidriado : cuando los ofi-
ciantes le rodean al acecho de la agonía, un mastín
negro surge de una de las viviendas contiguas y lame
los regueros sangrientos con su lengua ágil y esbelta
: los vecinos observan, indiferentes, el espectáculo y
les vuelves la espalda para ocultar tu emoción : la
violencia, la violencia siempre : jalonando discreta-
mente tu camino : convincente y súbita : anulando de
golpe el orden fingido, revelando la verdad bajo la
máscara, catalizando tus fuerzas dispersas y los donju-
lianescos proyectos de invasión : traición grandiosa,
ruina de siglos : ejército cruel de Tariq, destrucción de
la España sagrada : mientras te internas por Chemaa
Djedid y Chorfa en dirección a la calle del Baño : en
la alternativa de subir hacia Nasería y la plazuela
de la fuente o bajar hasta Cristianos y enfilar hacia
Sebu : perdiéndote en dédalo de callejas de la Medina
: trazando con tus pasos (sin previsores guijarros ni
migajas caducas) un enrevesado dibujo que nadie (ni
siquiera tú mismo) podrá interpretar : y desdoblán-
dote al fin por seguirte mejor, como si fueras otro :
ángel de la guardia, amante celoso, detective particular : consciente de que el laberinto está en ti : que
tú eres el laberinto : minotauro voraz, mártir comes-
tible : juntamente verdugo y víctima : bordeando el
cafetín y el baño moruno, embocándote y volviendo
pies atrás por Sus y M'Rini : tomando Cristianos y
desviando por Comercio : entre los sombríos restau-
rantes de merguez y pinchitos : desechando la oscu-
rísima invitación de Sekka y Abarodi : en línea recta
ahora hasta Jayattin : el sol se anuncia por el portal

como un preámbulo jubiloso del Zoco Chico : cuando
te zambulles en él su intensidad te obliga a bajar los
ojos y, medio a ciegas, ocupas el primer hueco de la
terraza : en el café Central, no : al otro lado : pegado
a la pared y a la sombra : compendiando desde tu
puesto de observación la sólita actividad del microcos-
mos : en la segunda hilera de mesas : menos expuesto
así a la solicitud de los vendedores, a la espera recrimi-
natoria de los mendigos : el loco va y viene, como siempre, en ocio ensimismado : sus movimientos secos,
tajantes parecen obedecer a una doble y opuesta
incitación : sobriedad, esquematismo y, simultáneamente, gesticulación, despilfarro : plantado en la entrada de Cristianos, entre la terraza del café Tingis y
Les Aliments Sherezade : con su bonete mugriento,
sus zapatos rotos, su chaqueta de espantapájaros : mirando fijamente el vacío : el tiempo de llamar tú al
camarero y pedirle un té verde : arrancando a caminar
como si alguien le hubiese dado cuerda, con el auto-
matismo de un robot : columpiando los brazos y re-
moviendo los hombros mientras pasa delante, de la
terraza del Central, la entrada del hotel Becerra, la li-
brería-estanco, el portal de la calle del Arco, la Epicé-
rie Bekali Abdeslam, el café Tánger : e inmovilizán-
dose luego como por defecto del mecanismo : en el
chaflán del antiguo correo español, junto al buzón
oxidado y el anuncio de JAMES BOND, OPERACIÓN
TRUENO : permaneciendo allí un minuto y volviendo
a empezar : integrado en la decoración como un
elemento más : sin atraer la atención de nadie : los
militares de la terraza del Tingis parecen absortos en

alguna especulación de elevado interés estratégico y los bitniks hirsutos del Central fraternizan por señas con los indígenas : la multitud discurre fluida y densa, pausada y rápida : burgueses con chilaba y babuchas, artesanos hebreos, mozos de carga, pescadores, turistas : algún nórdico inquieto que atisba en la penumbra de los cafés, mariposeando de un local a otro con un fugitivo estremecimiento culpable : sirena de los rabos, sí, serpiente breve : del género lírico éste : ojeras lilas, pestañas espesas : cliente, sin duda, del Festival o el Stephen's : saludando amistades antiguas y rastreando nuevas : jóvenes de piel cobriza y dientes blancos, de alma pequeña, errante, cariñosa : ordinariamente sin estudios ni empleo : pero abiertos y comprensivos : detectándolos con su aguda intuición de connaisseur, con la sutil anagnórosis del trotamundos : del Livingstone para quien el África no encierra ya secretos : peregrino y asiduo, quizá, de esos, aunque desdeñados, oportunos templetes que el generoso Lenin soñara en erigir en oro : el día que la revolución mundial hubiese triunfado y el hombre se liberara de su egoísmo mezquino : en dialéctico, hegeliano homenaje al celo y abnegación de los devotos : instalados allí en permanencia : ojo avizor, mirada al acecho : en el ajetreo continuo de quienes satisfacen necesidades impostergables, demorándose a menudo más de la cuenta : hidráulico-contemplativos : calculando con una mirada rápida y con infalibilidad electrónica el margen de posibilidad : lo que separa la realidad gris del sublimado cromo : en una espera llena de ansiedades y cuitas, pero de dulces recompensas : como modestos

artífices del plan Marshall frente al volumen y dimensiones súbitas del milagro alemán : pasmados del
juvenil vigor de tan meritorios mozos : armados y sin
trazar de desarmar : esgrimiendo a cualquier hora del
día las contundentes pruebas de su robusta y porfiada
salud : O tempora! O Moros! : conversando ahora
con un pelirrojo de los espiquin-inglis, con eventuales
gracias del introductor : de los hello-tengo-señorita-
española-hebrea-marroquina-niña-niño : y algún cis-
ne tal vez , de esos que tanto admiraba Rubén, para
estragados viciosos : abandonando con él el campo de
los bitniks y eclipsándose a continuación por Siaghin
: el camarero viene con el té y, mientras dejas enfriar
el vaso, un abejorro vuela a su alrededor, rozando el
borde y escapando en seguida : ah, no haber traído
contigo la obra de algún intocable! : sintactiquero,
figurón, tauromático : hablando de mismidad, en-sí,
para-en-sí : de Séneca, el Cid, de Platero : abriéndola
por en medio para que el incauto se pose en ella, libe
el néctar de tan acendrada prosa : esencias metafísicas, efluvios éticos! : y cerrándola zas! : explosión
de grisú, catástrofe del Titanic! : sin perderlo de vista
durante el tiempo en que finge renunciar al objetivo
y se entrega a acrobacias engañosas : que traza círculos
tenaces y concéntricos, cada vez más próximo al blanco, embriagado por el denso aroma de la infusión,
arriesgándose a hojatizar al fin sobre la tibia, afelpada
menta : permaneciendo unos segundos en el voluptuo-
so hammam y volando flechado : preocupado tú, de repente, por la vecina intrusión de otro abejorro, del género
homínido éste, que ronda y huronea cerca de ti : con

55

bigotillo alfonsino, gabardina, gafas : quijada borbónica, manos regordetas : con toda la pinta de pertenecer a esa brava tribu de corresponsales noticiosos que, en lugar de escribir lo que ven, repiten dócilmente lo que oyen : de aspecto vagamente familiar, remotas experiencias de cruzado, insondables convicciones dinásticas : personaje de novela de don Torcuato Luca de Tena : indeciso aún, pero deseando salir de dudas : buscando activamente tu mirada y, al no conseguir dar con ella, instalándose en la mesa contigua con la castiza jeta amenazadoramente vuelta hacia ti : tu vecino ha olvidado el diario y fingirás abstraerte en la lectura : 21'30 : semifinales del concurso interescolar : 22'25 : españoles ilustres de ayer y de hoy : Lucio Anneo Séneca : 23,15 : reportaje especial sobre la ratificación de la Ley Orgánica de : volviéndole ostensiblemente la espalda cuando él ordena : lo mismo que el señor : con bizarra, contreresca voz, vestigio de naufragados sueños imperiales : TORRIJAS : 250 g. de bizcochos, 200 g. de azúcar en polvo, 6 yemas de huevo, una cucharada pequeña de canela en polvo, una rodaja de naranja, 1/2 litro de leche, un puñado de avellanas : sintiendo el cosquilleo de su mirada en las orejas, el cogote, la espalda, pero pasando la página con sonora determinación : les gusta respirar a pulmón lleno el aire puro, saludable de los bosques? les gusta detenerse a la orilla del silencioso arroyuelo que corre hacia las vastas llanuras y escuchar el zumbido de las abejas? les gusta echarse sobre el blando césped y sonreírse del rayo acariciante del sol? les gusta soñar debajo de los arbustos y oír el trino

del ruiseñor y el canto de la alondra? les gusta contemplar detenidamente el fondo cristalino de los lagos montañeses? les gusta mecer su espíritu con el ritmo gracioso del riachuelo parlanchín? les gusta escalar los altos picachos y allí, en la cima de las rocas que se yerguen entre nubes, explayar en una canción alegre la felicidad de su alma? : GUADARRAMA : INVERSIÓN SEGURA : GRANDES FACILIDADES DE PAGO : inútil, inútil : el homo hispanicus no se da por vencido y carraspea y mira y mira y carraspea y orienta hacia ti la silla con la facilitada impunidad de tu fingida distracción : preparando mentalmente su discurso : disponiéndose a hablar : hablando ya
perdone
chimenea de hogar bajo en salón, cocina totalmente instalada con muebles de fórmica y muebles de unión con salón-comedor, carpintería de madera en cercos de puertas y ventanas, pavimento de parquet de eucalipto, calefacción por calor negro, cuarto de baño con ducha, inodoro Roca, bidé con surtidor central
perdone
BARATO : UN VERDADERO SUEÑO
creo que nos conocemos
ROLEX OYSTER DAY-DATE : 116'5 gramos con pulsera de 18 quilates : automático, antimagnético y blindado
lo vi una vez en París andaba usted acompañado su señora supongo
no
una mujer morena en el barrio latino o en Saint-Germain
se confunde usted

buceando en su memoria, cerca, muy cerca de la diana
: con sonrisa de galán de cine español de los años
cuarenta : estólido y tenaz
preparaba usted un documental
le repito que se confunde
no es usted reportero?
perdóneme
te incorporas, pasas junto a él, le obligas a descruzar
las piernas, pagas la consumición al camarero, atraviesas la sala : reportero, sí : y sin arte alguno : durante
años y años : de compatriotas condenados a vender
su fuerza de trabajo como mísera, despreciada mercancía : cargando sobre los hombros el peso de la brutal
acumulación : artífices subterráneos del suburbial desarrollo : o de burgueses con antonionescas neurosis
de nuevo libre y nuevo rico y, en el fondo de sí mis-
mos, orondos, contentos, impermeables : todas las
moscas de Tánger no bastarían a emborronarlos y a
ti con ellos, su cronista, su relator, su fotógrafo :
ofuscado aún mientras empujas la puertecilla y pene-
tras en el corredor tenebroso, clareado apenas por un
sobrio, desganado tragaluz : a unos metros de la ne-
grísima gruta destinada a aliviar comunes, elementales
necesidades : de oro, no : pre-revolucionaria : prácti-
camente invisible, aunque anunciada por la dudosa
humedad que escurre a lo largo del pasillo y desconcha
las sucias paredes ornadas de inscripciones : sexos vo-
ladores, esferas viriles, artillería fálica : bastiones súbitamente rendidos, amables, acogedores tabernáculos :
acompañados, cómo no?, de glosas políglotas : gritos
de ansiedad o codicia de la doliente humanidad cuitada,

emitidos en la estricta soledad del acto como errantes, improbables mensajes confiados a la voluble inspiración del mar : ruegos nocturnos, plegarias secretas trazadas por mano apurada y furtiva : con lápiz, pluma, bolígrafo o navaja : al dios desconocido que invocara san Pablo durante el célebre sermón de Atenas : que no los escucha o, si los escucha, no los satisface : pues se repiten, idénticos, sin distinción de latitudes ni climas, en esos imprescindibles templos tan propicios al recogimiento y la meditación : busco mujer temperamental de a diez por noche : o : flic 40 ans bien monté cherche jeune homme discret et vicieux avec chambre : o : I fuck all girls from 7 to 75 : o : njab nnicq Kulchi nsa : o el más sibilino y ambiguo enunciado cabalmente ante ti : CON LOS NIÑOS EL LÁTIGO ES NECESARIO : en el límite de la humedad invasora que se pierde, y nace en las anfractuosidades de la gruta : releyéndolo una y otra vez en tanto que, sin aventurarte en el polifémico, no amordazado antro, te plantas con los pies abiertos en compás y palpas la inferior hilera de botones : liberando los de abajo del yugo pudoroso del ojal y determinando a tientas la exacta situación del indispensable requisito : convocado, ay!, para su uso vulgar y más simple : expuesto al fin : inerme y flácido : con el desamparo tierno de vuestros niños-poetas : contingencia que te obliga a enderezarlo suavemente y, en posición ya, apuntar con él, a metro y pico de distancia, el dominio elíseo : reticente al principio y haciéndose rogar, como infante caprichoso, mimado : pero obedeciendo luego con madura resolución : vertiendo recia, caudalosamente

el rubio desdén fluido hasta el punto en que de la oscuridad inferior brota un gemido angustioso y una infernal presencia se remueve, vivamente contrariada y, desde su humilde y acongojada postura, advierte con espantosa urbanidad : eh, que estoy aquí! : sencillamente informativa, sin connotación alguna de reproche o de cólera : acurrucada todavía a juzgar por las imprecisas, neutras, sucesivas emisiones vocales : ah eh eh oh uff : sacudiéndose tal vez como un perro de lanas : humillada sí, pero digna : interceptando bruscamente tu torrencial desahogo : el tiempo de ocultar tu culpabilidad atónita y devolverla a su tibia, perezosa guarida : incapaz de articular una excusa : volviendo sobre tus pasos y huyendo a todo correr : español, moro? : joven, viejo? : o alguno de esos enanos velazqueños con quienes tropiezas a menudo en el zoco? : cómo coño saberlo? : en el bullicio musulmán de la calle, pero devuelto a tu infancia y a sus sombríos placeres : veinticinco, veintiséis años? : nueve tenías tú (si los tenías) y la imagen (inventada o real) pertenece a una ciudad, a un país de cuyo nombre no quieres acordarte : la borrarás, pues, y aceptarás de buena gana la diversiva, providencial compañía del niño : primorosamente vestido dado el probable cúmulo de adversas, encarnizadas circunstancias : pantalón limpio, jersey de punto, sandalias de plástico : que oficia de guía, recadero o limpiabotas con la legendaria inestabilidad laboral de los tangerinos
voulez-vous visiter la Kasbah?
volontiers
je vous montrerai le chemin

con aplomo precoz, bajando contigo por Marina junto
a la tienda de discos y el almacén de recuerdos, aclima-
tado ya a su recién estrenado papel de cicerone :
mostrándote, con ademán vago, las blancas paredes de
la mezquita, las inscripciones cúficas de la puerta
ça, c'est la mosquée
comment s'appelle-t-elle?
la mosquée
elle n'a pas de nom?
je ne sais pas, elle est très vieille
el niño echa a andar, con elocuente desdén ahistórico y
tú le sigues : por un itinerario que conoces palmo a
palmo, pero que no quieres rehacer a solas: contento
de que su presencia impida el perturbador soliloquio
: el arriesgado descifrar de los mensajes que la suerte
interpone en tu camino : calle abajo, costeando los
muros enjalbegados de la medersa, en el deslumbrador
reverbero del sol
vous êtes Français?
háblame en español
estáis en el cruce de Tenería y te propone visitar la
terraza : los ociosos de costumbre permanecen sentados en el bordillo, absortos en la contemplación y os
asomáis a ver : el mirador domina los tinglados de la
estación marítima, los muelles del puerto de pesca,
la curva solitaria del espigón : atalaya las aguas bravías del Estrecho, los barquichuelos que lo atraviesan,
la venenosa cicatriz que se extiende al otro lado del
mar : herida más bien, infectada y abierta : borrosa,
distante : examinándola con la alucinada visión del
gran Mutanabbi : olas que galopan como sementales

en furia hasta la opuesta ribera : huestes victoriosas de
Tariq : injuriado conde : apuntada, tu tierra, por las
herrumbrosas baterías del Bordj-el-Marsa, situadas,
justamente, a tus pies : dos culebrinas somnolientas
abandonadas en el recinto que edificara en su día
Muley Hasán : que el niño observa también, espiando
en tu rostro algún signo de aprobación o entusiasmo
el puerto, dice
y aquello?
España
y esto?
dos cañones
de qué tiempo son?
muy viejos : ya no valen
la conversación no va más allá y reanudáis el camino
: hacia Dar Barud, no : tomando en seguida la calle
del Huerco, enfilando su estrechísimo corredor : largo
y oscuro como un túnel, con esporádicos toques de
luz y el denso olor de tanino de los vecinos talleres de
curtidores : el niño te precede en silencio con las
manos en los bolsillos y se vuelve para indicarte el
peligro de un excremento de perro o una alevosa cáscara de plátano, saludando cortésmente en su idioma
cada vez que se cruza con un adulto : al llegar a Hach
Mohamed Torres tuerce a la izquierda y se empareja
contigo, te pide un cigarrillo, se lo pone detrás de la
oreja : descartáis la lóbrega eventualidad de Abarodi,
pasáis junto al hotel Xauem y el hotel Andalus, de-
sembocáis en Cristianos, seguís hasta la plazuela de
Ued Ahardan : un comerciante con una chilaba blanca guarda, sentado, la entrada de su establecimiento

y el niño se adelanta hacia él y le besa la mano : pero, desmintiendo mezquinos temores, no te invita a visitar la tienda y, cuando os alejáis de su dueño por Sebu, se limita a decir : es un buen hombre : y aunque, fiel a las reglas del juego, desempeñas tu papel de extranjero y finges perderte, él te impide continuar hacia Fuente Nueva y te lleva, a la derecha, por Ben Raisul : cuesta empinada y con escalones, habitualmente concurrida por los turistas que vienen de la alcazaba : libre ahora de ellos : en una diligente, recogida atmósfera de actividad artesanal : niños aprendices que sostienen la urdimbre en medio de la calle, maestros tejedores que traman y traman en sus exiguos talleres como pacientes, laboriosos arácnidos : artrópodos terrestres con cuerpo cubierto de quitina, cefalotórax breve, abdomen grande y redondeado : dos orificios respiratorios y seis abultamientos provistos de numerosos tubitos por donde salen los hilos con que fabrican la red : construyendo la telaraña insidiosa con esmerada destreza : seda seca en el centro y radios, viscosa en la espiral : sin moverse de sus escondrijos laterales, pero al tanto de lo que ocurre fuera gracias a un hipersensible hilillo avisador : cuando los niños aprendices tocan la tela se quedan pegados y todos sus esfuerzos por separarse resultan inútiles : el tejedor presencia el forcejeo con la calidoscópica, potenciada visión de sus ocho ojos : podría abalanzarse ya sobre la víctima y rematarla : pero espera : el niño presiente su fin, quiere huir y se enreda, se enreda cada vez más : y él no tiene prisa : su mirada es fría, su resolución implacable : paso a paso se aproxima al desdichado

63

aprendiz : podría salvarlo todavía si se lo propusiera, liberarlo con gesto magnánimo : pero no quiere : suavemente le hunde los quelíceros venenosos en el cuerpo, le inyecta su propio jugo digestivo y va disolviendo y chupando todas las partes blandas : luego pone sus huevos y los envuelve en un capullo : y he aquí que pasados unos meses (en primavera!) salen las arañitas : que experimentan varias mudas, sí : pero no una verdadera metamorfosis : para dispersarse se cuelgan de un hilo y se dejan llevar por el viento : columpiándose como Mowglie en "El libro de la selva" : de liana en liana : risueñas, aerícolas, entre vilanos leves e irisadas y amables burbujas de jabón : mientras los huesos de los aprendices proclaman dramáticamente su infortunio al borde del arroyo : estrictos y mondos, blanquísimos : sin un solo átomo de carroña : en los escalones de la cuesta que lleva al santuario epónimo del morabito y la mansión de Barbara Hutton : junto a las futuras víctimas que aguantan los hilos y los acuclillados oficiales que tejen y tejen : trenzando rojo y azul, amarillo y negro : urdimbre y trama de una telaraña que no lo es sino para quienes atrapa e inmoviliza desde niños, ligándolos para siempre a un trabajo duro y mal estipendiado : en la escala lenta, de incontables peldaños que va de la infancia a la edad adulta, del aprendizaje al oficio, del insecto al arácnido : pasando entre ellos con tu juvenil cicerone, rozando la tumba del morabito, deteniéndote a respirar en el rellano en donde descarga la escalera de Sidi Hosni : con el café-jardín de los bitniks a la izquierda y, más arriba, el que sueles frecuentar tú : soleado y tranquilo,

con dos ventanales amplios, descubridero inmejorable
de la ciudad : allí fumas y sueñas diariamente, pero
aún no es hora de ir y tú lo sabes : renunciarás, pues,
ỳ seguirás a tu guía por Amrah : calle arriba, hacia
la plaza de la Alcazaba y el mirador : volviéndote a
contemplar la ciudad a medida que el terreno se altea
: el niño se detiene también y, cuando prosigues la
marcha, camina más rápido, como si tuviera prisa en
llegar a la cima : al atravesar la puerta de la muralla
los acordes punzantes de la música árabe se clavan
violentamente en tus oídos : el autocar de los marcianos estaciona bajo los muros de la cárcel y el grupo
turístico forma anillo en torno al encantador de serpientes : un viejo de tez oscura con chilaba y turbante
que toca una rústica flauta de caña acuclillado sobre
una estera : el ofidio (culebra, áspid?) parece adormilado y, de repente, como respondiendo a convenida
señal, adopta una postura defensiva y se yergue, casi
vertical, con la cabeza tendida hacia adelante : oscilando como si quisiera inyectar su ponzoña, fascinado, en
apariencia, por la música agreste del seductor : los
defensores de vuestra amenazada civilización captan la
escena con sus máquinas fotográficas y cámaras de cine
y saludan con admirativas exclamaciones la proeza del
viejo : que agarra la culebra y la enrosca alrededor de
su cuello, incorporándose en seguida a colectar el justiciero homenaje : solemne y enfático : como el general Pershing recibiendo la Grande Croix de Guerre de
manos de Clémenceau : en tanto que sus adláteres
tocan rítmicamente el tamboril y el guía solicita voluntarios para posar con la sierpe sobre los hombros : un

improvisado spich emotivo y electoral : tranquilícense (pausa) : no corren riesgo alguno : the snake charmer is here to prevent the danger : un souvenir inolvidable, ladies and gentlemen (evocativa pausa) : para asombrar a sus queridos amigos de Minnesota o Colorado : su modesto y seguro servidor posará, of course, con ustedes : you don't believe me? (pausa dramática) : ah, no! : sabía muy bien que no dudarían de mi palabra : aquí están : one, two, three? : no se decide usté? : nadie le obliga, señorita : dos voluntarios bastan : la señora y el señor : the fair lady and the good gentleman : desprendiéndose del resto del grupo, avanzando intrépidamente hacia la fama : conocidos tuyos los dos : uno de los notables del Bronx con pajarita y sombrero y la Hija de la Revolución Americana escapada del álbum fotográfico de Avedon : con el fez rojo y los zapatones, pero sin las flores : retiradas, hélas, por piadosa mano : multitudinaria, demagógica, sonriente : en posición de firmes mientras el viejo coge la sierpe y la deposita con cuidado sobre sus hombros : lista? : sí, lista : apoteósica : en pleno triunfo : une vraie dame de la belle époque avec son boa : es la escena de todos los días, pero cambiarás el final : estímulo exterior? : cólera súbita? : las dos cosas a un tiempo? : nadie lo sabe, ni probablemente se sabrá jamás : el hecho es que la serpiente sale de su letargo, repta, tortuosa, mediante ondulaciones afirmándose en sus escamas ventrales, se enrolla como una soga alrededor del cuello enjoyado de la mujer : su cabeza triangular y aplastada oscila conforme a una modulación hipnótica, sus ojillos agudos, de transparentes

párpados, la acosan, tenaces, como cabezas de alfiler
: su lengua bífida roza la hojilla de papel que vela
apenas el lomo despellejado de la nariz y, bruscamente, abre su boca dilatable, destinada a tragar grandes
presas y hunde los dientes huecos, situados en la mandíbula superior, en la mejilla abultada y carnosa :
paralizados de estupor, los miembros del grupo observan el edificante espectáculo : moralidad o fabliau, de
retablo flamenco o alegoría medioeval : Mrs. Putifar
tocada con el fez rojo y el irrisorio papel sobre la nariz y la levantisca sierpe con una raya en zigzag a lo
largo del dorso, que torcida esconde, ya que no enros-
cada, la lasciva cabeza : instilando sin prisa el veneno
de sus glándulas cefálicas : envuelta en un halo de
respetuoso terror, en esa sutilísima zona sagrada que
a tientas avanza con el bastón del ciego e impone en
todas partes el irrecusable anatema, el imperioso en-
tredicho : minutos lentos, fugitivos instantes? : imposible saberlo : el carrete no corre ya : el plano es
fijo : grupo escultórico mejor : tallado en piedra o
cincelado en bronce : horas días semanas meses años
: y, al final, el desplome : Putifar hace esfuerzos desesperados por mantener el equilibrio : sus gafas especulares parecen agrandarse con el vértigo, como si
la tierra fallara bajo sus pies : sucesivamente gira
sobre sí misma, camina, retrocede, se tambalea : cuando se derrumba de golpe el decúbito supino del cuerpo sugiere un melancólico templo en ruinas : su máscara se ha vuelto negra y un líquido hediondo escurre
de sus labios : no cabe la menor duda : la ponzoña es
mortal : familiares y amigos asisten a su agonía parali-

zados : agoreros buitres dibujan espirales helicoides
sobre el cadáver y los gnomos orientales del Zoco
Grande se precipitan sobre él y le despojan de sus
joyas y adornos : con irreverencia obscena levantan
la falda y se arriman a orinar a la gruta : la llegada
imprevista de un carro mortuorio dispersa la imantada
multitud y pone punto final al macabro happening

árbitro de montañas y ribera, diría el Poeta : saludando, aliviado, la presencia difusa del mar : que separa
una orilla de otra y libera tu tierra de adopción de
la acuciante, venenosa cicatriz : mezclado con los fo-
rasteros e indígenas que atalayan la perspectiva acodados en la baranda : el cabo Malabata, contumaz y
reacio a la amaestrada vegetación : el océano encres-
pado y rizoso : el ferry de Algeciras que aproa lentamente hacia la boca del puerto : en el cantil, a tus
pies, los muchachos juegan a fútbol sobre la arena
húmeda de la bajamar : a tu derecha, un viejo en
albornoz examina ensimismado la costa enemiga : tres
horas escasas de navegación hasta la mole borrosa de
Gebal-Tariq, antes de dirigirse a uña de caballo hacia
el Guadalete y abatir allí, para siempre, las preciadas
señas de los tuyos : tu guía se ha eclipsado y lo buscas
en vano entre los ociosos que contemplan el panorama
del Estrecho : sin cobrar diezmo alguno ni despedirse
: con el mismo sigilo con que, instantáneo y risueño,
se ha presentado : dejándote en la duda de si realmente ha existido o es producto tan sólo de tu mudable
imaginación : abandonándote de nuevo en medio del

caos : bajo la tutela del sol que brilla y calienta y corrompe y pudre : única certeza, omnipresente hoy : cabrón rijoso, lúbrico chivo : que reverbera en los muros encalados de la cárcel y del Tribunal mientras atraviesas pausadamente la plaza junto al encantador de serpientes y los músicos : inactivos ahora, como contagiados del letargo del bicho : dirhames y francos relucen, esparcidos, en los aledaños de la estera y ninguno muestra prisa en cobrarlos : el cetáceo, en cambio, parece despertar de su modorra y emite vaharadas de humo por el tubo de escape : los marcianos se han instalado en los mullidos asientos, acunados por la narcótica música de Gershwin : repuesta de su muerte y profanación, la Hija de la Revolución Americana emerge con el papel de fumar, el fez rojo y las gafas por una de las ventanillas laterales : saludando electoralmente a los nativos con su antebrazo cargado de pulseras : monedas de plata con la efigie de Francisco José de Austria o Maximiliano y Carlota que suavemente tintinean al compás de las oscilaciones cuando el autocar retrocede, interceptando tu camino, y se detiene, jadeante, por espacio de unos segundos : el tiempo de que el chófer enderece el volante, ponga la primera y arranque en dirección a Riad-el-Sultán : embocándose con los turistas, el guía, las vaharadas del tubo de escape y la música de Gershwin : dejándote franca la vía de Bab-el-Assa : ahí donde antiguamente recibían su castigo los malhechores : apaleados por los alguaciles a la salida misma del Tribunal : en el breve trecho que va de la plaza de la Alcazaba a la escalera que baja hacia la Medina : a la sombra de las viviendas

69

edificadas en el recinto de la muralla : alcanzando en seguida la puerta y salvando la media docena de escalones que te separan del café : libre del sol otra vez : en la penumbra acogedora y fresca : entre los rostros familiares de los asiduos que, como todos los días, te dan la mano y se la llevan delicadamente al corazón : cambiando con ellos las fórmulas habituales de cortesía : en castellano no, en árabe : feliz de olvidar por unos instantes el último lazo que, a tu pesar, te une irreductiblemente a la tribu : idioma mirífico del Poeta, vehículo necesario de la traición, hermosa lengua tuya : instrumento indispensable del renegado y del apóstata, esplendoroso y devastador a la vez : arma aguda (insinuante) que conjura (exorcisa) la africana hueste y magnifica (potencia) su denso apetito de destrucción : ocupando tu puesto de costumbre junto a los ventanales : sobre el café de los bitniks y el jardín del francés, la tumba del morabito, el palacio de Barbara Hutton : abarcando a tus anchas la geometría delirante de la ciudad : cubos, diedros, paralelepípedos, prismas : casas acribilladas de ventanucos, alminares de mezquitas, tejados de loza con almocárabes : extraño todo : el designio, la fábrica y el modo : avanzando a tientas por una realidad porosa y caliza, ajena a las leyes de la lógica y del europeo sentido común : toallas que flamean como banderas, albornoces y chilabas al oreo del viento, la voz grave, majestuosa de algún almuédano invitando a los fieles a la oración : imagen de un palmeral en pleno desierto con dunas suaves como núbiles pechos o juveniles caderas : verdor convocado en torno del agua : festejos y danzas

de la pascua de Aid-el-Kebir : el dueño te ha servido
té con hierbabuena y aspiras morosamente el humo
de un cigarrillo : cuando abres los ojos, el aprendiz
de guía está frente a ti y te examina atentamente con
gesto de reproche
le andaba buscando, te dice
creí que te habías ido, le dices
no me he apartado un segundo de usted, te dice
su voz suena familiarmente en tus oídos y su aspecto
distinguido te intriga : delgado y frágil : vastos ojos
: piel blanca : el bozo no asombra aún, ni profana, la
mórbida calidad de sus mejillas
vas bien vestido, le dices
mamá es rica, te dice
y esta cartera?, le dices
vengo del colegio, te dice
acodado en tu mesa, de perfil, lo observas a través de
las tenues espirales del humo : repasando la diaria
lección de Ciencias Naturales o abismado en la abstrusa resolución de un problema : alumno aplicado
y devoto : idolatrado e idólatra de su madre : querido
y admirado por profesores y condiscípulos
quieres tomar algo?, le dices
muchas gracias, te dice : tengo una cita
con quién?, le dices
con un hombre, te dice : el guardián de unas obras
que hay en mi barrio : vive con una culebra y, cuando
voy, me la enseña : la tiene domesticada y le obedece :
es un encantador
no es el que estaba hace un rato en la plaza?, le dices
el mismo, te dice

por qué te has escapado de él?, le dices
no quería que me viera con usted, te dice : es muy
celoso : si le desobedezco, me pega
por qué le vas a ver, entonces?, le dices
no lo sé
su rostro evoca alguna imágen que inútilmente quisieras arrancar del olvido : algo remoto tal vez : recuerdo de la ciudad, del país cuyo nombre no quieres
acordarte
cuando le vi me metí bajo la falda de la mujer, te
dice
qué mujer?, le dices
la del fez rojo, te dice : me escondí allí dentro hasta
que él se fue
y ahora, le dices : qué vas a hacer?
la culebra me espera, te dice
no quieres quedarte un rato conmigo?
el niño mira fijamente los pajarillos que brincan en
el interior de las jaulas : ligeros y ágiles : balanceándose en los columpios : agitando sus cabezas pequeñas
y móviles : atisbando con sus ojillos penetrantes y
vivos
están borrachos, te dice
cómo lo sabes?, le dices
no ha visto cómo se mueven?, te dice : les mezcla-
mos un poco de hierba con el alpiste : luego cantan
mejor
sus pupilas brillan con determinación lúcida y, súbitamente, lo crees reconocer : un cuarto de siglo atrás
: un barrio de calles recogidas y absortas, orilladas
de umbrosos jardines y torres conventuales : verjas de

hierro con rejas en forma de lanza, muros erizados
de cristales y cascos de botella rotos
eh, adónde vas?, le dices
mírame la espalda, te dice
quién te lo ha hecho?, le dices
me voy, te dice : tengo prisa
espera un poco, le dices
no puedo, te dice
por favor, le dices : creo que te conozco : tu nombre
es
adiós
disuelto en los sahumerios que emanan de la redoma
: tras los hombres que juegan al dominó y los fumadores dormidos del estrado : los pájaros brincan y
brincan, juegan, se columpian, se balancean : verte-
brados aéreos con el cuerpo cubierto de pluma, extremidades anteriores transformadas en alas, sangre ca-
liente, circulación doble y completa : gigantescos ahora
: gerifaltes y halcones : huracanados, cetreros, rapa-
ces : picos y garras curvos y acerados, alas densas,
acariciantes : volando en bandas, como en el film de
Hitchcock sobre la aterrorizada ciudad : escandalizan-
do el aire con el raudo torbellino de sus gritos : cer-
niéndose a gran altura y calando bruscamente sobre
la presa : el caos urbanístico parece insurgirse : la
geometría deviene amenazadora : cerrarás, pues, los
ojos y rehusarás la visión del reloj de la iglesia española y el cementerio protestante, la playa semide-
sierta, los inmuebles obtusos del bulevar Pasteur :
mientras el africano sol lame tus párpados y el aroma
de los vasos se conjuga con el de las pipas : en una

somnolencia feraz, deleitosa : círculos veloces de luz
: vertiginosos girasoles : ondas concéntricas y excén-
tricas : esquirlas luminosas que se alumbran, rehilan,
centellean, se apagan : helioconcéntrica acción disocia-
dora y vibratoria de líneas y curvas, elipses e hipérboles : espectro solar que se deshace en hilachas : en
la atropellada sucesión de palabras que huyen y que
torpemente intentas asir por el rabo

DONNEZ

SANG

BOND

NIÑOS

LÁTIGO

subiendo precipitadamente la escalera y escurriéndote
por Bab-el-Assa : bajo el alminar octogonal de la
mezquita, por la lóbrega y tortuosa calle de Ben Abú,
hacia la escenográfica disposición del Tabor Español
: perseguido de una horda de mendigos que corren
detrás de ti, te tiran de la manga, te rodean, amenazan, suplican, intentan cortarte el paso : el hígado, sí
señor : setinta años ya y la salud y los disgustos :
buenecitos, tranquilitos : uno con su chapuza, otro
buscándose la vida como puede, otro arreglándose los
papeles en el Amalato : casi nada esta vez : cien dirhames : rehuyendo su mirada acuciante, sorteando sus finos ardides y estratagemas : pasado Bab-el-Marxán,
cuesta abajo, en dirección a la escuela israelita y la calle
Italia : con un bocadillo mixto de merguez y pinchitos,
en la compacta multitud de los que esperan : admiran-
do entre tanto las fotos del héroe del día y de su partenaire
exquisitamente inmoral y deseable : tumbados los dos

en una perezosa playa de cocoteros, besándose a bordo
de un automóvil blanco descapotado : masticando con
desgana hasta que llega tu turno y pagas, entras, caminas a ciegas, te acomodas como puedes en la butaca :
en el áureo esplendor de la noche antillana, dominio
efímero de Su Majestad Carnaval y su séquito : carrozas-cisne y carrozas-madreperla atestadas de menti-
das ninfas y falsos Tritones : desaforados negros que
irradian blancura dentífrica sobre el espumoso candor
de sus guayaberas : comparsas de encapuchados con
pitagóricas siglas en el hábito y en el capirote : a
medio camino de los severos caballeros cofrades del
Cristo de la Buena Muerte y de quienes (buena o
mala) la dispensan (con perros, soga, bidón de gaso-
lina) a los nativos de Misisipi o Alabama : lincha-
dores expertos del cristianísimo Ku-Klux-Klan poseídos
del demonio tropical de la música : ondulando el
cuerpo al agudo son de las flautas, desarticulando caderas y hombros al ritmo efusivo de los bongós :
corriendo a la deriva, bajo el horóscopo incierto de
radiantes carrozas siderales : esculturales Venus con
penachos de pluma y colas flabeladas, envueltas en
tafetán sumario y esfuminado encaje : arrojando pu-
ñados de confeti, lúbricas, implicantes serpentinas :
mientras la comparsa deslumbra con signos zodiacales
y satinados asteroides : escabulléndose en medio del
gentío, perdiendo un sinuoso hilillo de sangre : se
acercan, se acercan! : pero la noche no aconseja y el
plebeyo delirio les confunde : los indígenas beben ron,
las mulatas florecen dulcemente en sus trajes : los
timbaleros actúan como si proclamaran el Terminal

75

Juicio : los pechos de la negra brincan y dan saltos, sus nalgas jubilosas se amotinan : labios voraces y rojos, prestos a sorber de un tirón, con pagana avidez, toda la sal del mundo! : volviendo la cabeza y acechando ansiosamente la nocturna procesión que serpentea con su nebulosa de cometas, satélites, estrellas y lunas : heraldo de la buena nueva que irrumpe estentórea en sus vigilantes oídos : ya viene el cortejo! ya viene el cortejo! : ya se oyen los claros clarines! : conteniendo con viril entereza la sangre que escapa de la herida y apretando el paso : junto a los negros sabrosones y sus ardorosas mujeres con cintura de flan : movimientos sincopados precursores de horizontales lides, preámbulo de minuciosos y sabios escarceos : en el denso cubil de las propicias habitaciones coloniales : bastiones rendidos, labios ansiosos, sierpes humeantes : huyendo y huyendo todavía a carrera abierta : ya pasa debajo los arcos ornados de blancas Minervas y Martes! : los arcos triunfales donde las Famas erigen sus largas trompetas! : torciendo providencialmente por una bocacalle al tiempo que hombres armados se abren paso a codazos y rastrean sus huellas con adiestrada sutileza de lebreles : sabuesos rostros privados por celestial decreto de la apolínea, anglosajona perfección : del tipo centroeuropeo o mediterráneo, con el inconfundible, infamante detalle del meteco : sombreros calados, sortijas inquietantes : orientándose en la tiniebla gracias a ese sexto sentido propio de los pueblos dudosos y difícilmente rescatables, aún a fuerza de dólares y de napalm : en la lánguida ínsula poblada de negros silvestres, amables

y mansos : suntuoso decorado de palmeras, de flora
ornamental : en la entrada de un lujoso night-club
submarino y selvático : ajustando el nudo de la corbata con la sublimada distinción del gentleman : sin
una arruga en el traje impecable ni un solo pliegue en
la camisa hecha a medida : apuesto, flemático, investi-
do de poderoso sex-appeal : avanzando, señero, hacia
la orquesta de calypsos barrocamente uniformada : en
la plena y solemne posesión de su aplomo : con un
fondo sonoro de gemidos, jadeos, pitidos de locomo-
tora, burbujeo de champán : mientras la mulata gira y
evoluciona por la escena contagiada del epiléptico
frenesí de los tambores : los sostenes recatan apenas
la volcánica erupción de los pechos, la triangular isla
de raso enuncia, irrefutable, la ubicación del tesoro :
quince hombres llevan el cofre del muerto, ay, ay,
ay, la botella de ron! : rudas canciones de lobo de
mar, magia imperecedera de Stevenson! : balanceando
el tronco de cintura para arriba, oscilando los muslos
de cintura para abajo : con lentos, tenaces, dialécticos
movimientos de rotación : sacacorchos o hélice : en
el limbo de ser o no ser : epicentro, ombligo abismal
del mundo, banderín de enganche de la humana legión! : invocando masculina ayuda con labios sedientos, convocando afluencia sanguínea con ojos extraviados : simultáneamente a la erección musical de un
ritmo negro que brota con fuerza y parece alcanzar el
paroxismo mediante porfiadas contracciones musculares : encajando el golpe y soportando la prueba con
numantino heroísmo : ondas y aguas que crecen y se
multiplican, acuden, irrumpen, penetran, penetran :

sugestivas hipótesis que convergen hacia el lugar del dogma y cristalizan en la alegre noticia : ya entra, ya entra! : obteniendo la beatífica visión al final de la noche oscura : el santo al cielo y la sierpe in situ : aleluya en las colinas y montes de Venus! : en el vibrante hosanna de los músicos que golpean con furia los instrumentos mientras los perseguidores toman posición alrededor de la pista : empuñando el breve acero exacto y obligándole a inmiscuirse entre las parejas : acogido por la sonrisa apócrifa de la mujer : estás listo chaval o una frase por el estilo que ella formula en inglés y tú traduces en castellano momentos antes de cerrar los ojos y descabezar un venturoso sueño : corto, largo? : cómo diablo saberlo? : cuando despiertas estás en el fondo turquino del mar : en una pradera de suaves algas y caprichosas corrientes impulsadas por la escurridiza silueta del hombre-rana : esponjas gigantescas, medusas en forma de sombrilla, anémonas solitarias y fijas con tenebroso aspecto de flor : densas nubes de pececillos rozan sus pies de palmípedo, algas gelatinosas y glaucas agitan sus cabelleras lánguidas y le substraen a la atención de un escualo indolente, rastrero : el casco del buque intercepta paulatinamente la luz con su comba panzuda de zepelín : el océano deviene una vastísima gruta y la súbita expansión foliácea evoca la carnosa proliferación de estalactitas del reino de la Noche, del Sueño y de las Sombras : tu frecuente lectura de Virgilio : antro femenino, reducto sombrío de Plutón! : masticando los restos del emparedado mixto de merguez y pinchitos e incorporándote con resolución pronta : obligando a levantarse a tus vecinos y caminando a tientas hacia la luz : crepuscular ahora : leve, delicada, elusiva : en el bullicio espeso de la salida de los cines hasta el encuentro imprevisible con Figurón : quijada larga, nariz borbónica, bigotito perfectamente horizontal en forma de tildes de "eñe" : quintaesenciada encarnación de tu tribu y del efigiado Ubicuo por la gracia de Dios : entronizado siempre : en la elocuente tarima del aula o el módulo cobrizo de la moneda : plantado frente a ti tal murciélago tosco : todo de negro hasta los pies vestido, abiertos los brazos como el volatinero crucifijo que cuelga en medio de la pared : imponente y enorme : ¡eh, amigo! : cortándote la huida y apuntando el vacío con la conminatoria reglilla : lo que es hoy no se me escapa usted

Figurón te tiende una tarjeta rectangular con la inscripción DON ÁLVARO PERANZULES ABOGADO y se empareja contigo, abriéndose paso por entre el gentío con hispana prosopopeya : el volumen de sus rasgos es netamente superior al normal y, al caminar, sus articulaciones crujen dificultosamente, como las piezas mal ajustadas de una armadura : anochece, y súbitas nubes entran a saco en el desmantelado bastión del crepúsculo
los carpetos que vivimos lejos de la patria tenemos que reunirnos de vez en cuando, dice con voz grave : ahogados en la africana masa desvertebrada, no es cierto? : influir sobre los demás : una de nuestras constantes históricas más antiguas : imperativo poético

: ecuménica disposición combativa : portadores de valores eternos

don Álvaro se expresa en un castellano purísimo y, acentuando la digital presión sobre el brazo, te arrastra a un típico café madrileño furiosamente iluminado con luces de neón

local muy castizo adonde suelo ir por las tardes : tertulia de carpetos auténticos que avanzan por la vida con rumbo fijo, recto y claro, sostenidos por tranquila certidumbre y seguridad, por ánimo impávido y sereno : ajenos a lo vulgar, informe y mostrenco : de pocas palabras en el comercio común, pero capaces de alzar la voz y encumbrarse a formas superiores de elocuencia y retórica : no has estado nunca?

no, dices

pues debes venir : hay que mirar hacia adelante y hacia arriba; concebir la vida como servicio : obedecer prontamente y con alegría todo lo que nos manden

sin soltarte el brazo prisionero, don Álvaro te instala en uno de los taburetes de la barra y se acomoda a continuación junto a ti, haciendo crujir, por turno, las distintas piezas de su caparazón óseo : los rasgos de su máscara han abultado todavía en el intervalo y presentan ahora una estructura maciza y sólida, más próxima al mineral que al viviente

dos chatos de vino con garbanzos, ordena : comida frugal, costumbres sobrias : sentido ascético y militar de la vida : esencias perennes

su severa mirada se pierde en las fugitivas siluetas que atraviesan el callejón : albornoces, chilabas, mujeres

con velo : un ciego escoltado por un lazarillo, vendedores de avellanas, almendras y cacahuetes
gente blanda y de poca sustancia, dice él : potestad
de regir : voluntad de Imperio : gloria y grandeza
hispanas por las rutas del mar!
los garbanzos desaparecen uno tras otro en el orificio
bucal y el clarete se esfuma en un pestañeo : después
de devorar su ración, don Álvaro acaba limpiamente
con la tuya y, satisfecho, hurga con un palillo en el
bloque frontal de sus dientes
lees a menudo a Séneca?
no, dices
tienes que hacerlo : hay que desterrar las actitudes
cómodas e intranscendentes : someter la realidad a los
imperativos absolutos del espíritu : a un orden jerár-
quico, vertical
don Álvaro habla con gesto inspirado y su estatura
y dimensiones aumentan aún pero, inopinadamente,
desvía la vista y se interrumpe con brusquedad : siguiendo la dirección de sus ojos volverás la cabeza
igualmente y descubrirás la presencia de un pastorcillo
al frente de un hatajo de cabras : un rifeño delgado
y rubio que camina descalzo y vigila con una fusta
su escueta propiedad semoviente, buscando un difícil
camino, a través de las colas de los cines, hacia la
embocadura del callejón : los animales se apretujan
asustados y dos crías brincan ágilmente en torno de
la madre e intentan, sin éxito, aferrarse a las ubres
: cuando hato y mozuelo desaparecen de vuestro campo visual, don Álvaro se inclina a recoger una caga-
rruta y, llevándosela a las caudalosas narices, aspira el

aroma con éxtasis
es una capra hispánica, dice : ten, huele!
inútilmente intentarás retroceder y apearte del taburete
: don Álvaro te planta su manaza ante el rostro y te
obliga a respirar también la materia oscura y ya soli-
dificada que sustenta en la palma y que muestra y
oculta, como un objeto precioso, en un alternado movimiento de pronación y supinación
efluvios éticos!, dice : esencias metafísicas! : Gredos,
Gredos!
perdóneme usted, dices : tengo una cita en el bulevar
Pasteur y me temo que
no has estado nunca en Gredos?
no, no has estado
es lástima, dice
lástima?
las entrañas de Gredos son como las entrañas de la
Castilla heroica y mística! : ombligo de nuestro mundo
serrano a más de dos mil metros de altura! : la capra encarna nuestras más puras esencias, no lo sabías?
lo siento mucho : pero se está haciendo tarde y creo
que
Meseta, llanura horizontal, áspera y recia Castilla!
ya está : te has desprendido del taburete, del madrileño
café, de la presencia invasora de Figurón y corres, corres por Lucus en dirección a Tadjinia y a Fuente
Nueva : no, hacia Abdessadak mejor : para torcer en
seguida a la izquierda y perderte luego en el arduo y
desorientador laberinto de Ben Batuta : en Lucus aún,
entre barberías y tiendas de ropa, talleres de artesanos,

librerías de viejo : por Sebu y Cristianos, hacia la densa y salvadora promiscuidad de los almacenes del Zoco Chico : o por Romah más bien : bajo arcos inaccesibles y oscuros, hasta el río humano que baja y sube por Almanzor : sin descartar una eventual vuelta atrás por Gzennaia, junto a los somnolientos comercios de alfarería : para ganar de nuevo el punto de partida e inmiscuirse en la cola de los admiradores de James Bond : discurriendo todavía por Lucus, absorto en la esotérica motivación del itinerario : tu perseguidor se ha eclipsado y, al otro extremo de la calle, divisas tan sólo el pastorcillo con su humilde hatajo de cabras : se acerca asimismo un viejo, montado a horcajadas sobre un asno y lo seguirás, a la derecha, procurando sosegar el ritmo de la respiración : paso a paso, sin agitación ni premura, resucitando mediocres recuerdos de tus anteriores paseos por el lugar : figón de pinchitos, plazuela de la fuente, lóbrego fumadero de Kif : en la encrucijada de calles, a la espectativa, mientras el anciano platica con un colega a la indigente luz del farol : descifrando la arcana conversación dialectal hasta el bisado ósculo recíproco y el arranque desganado del borrico en dirección de Nasería : adelante, adelante : por el concertado caos ciudadano : ideograma alcoránico, sutil paradoja de líneas : voces de alfaquís, sentencias de imanes : afluencia silenciosa de fieles convocados a la vesperal oración de la mezquita : y, aunque el viejo se ha perdido, preciso será que continúes tú solo : a tientas y a ciegas : abandonado a tu reacia, alicorta inspiración : a derecha, a izquierda? : persiguiendo activamente los signos por la calleja desierta y captando, aliviado, la esbelta invitación de una mano que te indica una puerta, un zaguán, un breve, desconchado corredor : hasta la mesilla que sirve de caja y el exiguo vestuario común : todo por el módico precio de tres dirhames (service compris) pagaderos (pagados) al servicial Plutón que se expresa en francés e insiste en guardar (à tout hasard) tu desmerecida cartera : estás en el umbral del Misterio, en la boca de la infernal Caverna, en el melancólico vacío del, pues, formidable de la tierra bostezo que conduce al reino de las Sombras, del Sueño y de la Noche, ínclito Eneas súbitamente abandonado por la Sibila : húmedo antro virgiliano impregnado de un tenue e indeciso olor a algas : avanzando cautamente bajo la luz tamizada, en el aire en tensión, sobre las lajas bruñidas y lisas : entre efluvios de vapor que esfuminan las líneas y metamorfosean la morisca asamblea en una viscosa fauna submarina, dúctil e inquietante : rostros globosos, brazos como pulpos, esferas oculares inertes : por las rezumantes moradas sucesivas invadidas de miasmas : no, no hacia el helado horror de la víctima nuda, del grito crispado e inútil, del frágil ademán indefenso : seres apurados al límite estricto de los huesos, humano ganado hacinado en vagones, eliminado allí, por razones de higiene, para tranquilidad de conciencia de la escogida, pedigreada raza : cuerpos y más cuerpos volcables luego, a carretadas, en las fauces hambrientas de la fosa común : no, no, no : para purificarse, acá : de lujuria o de gula : de excedentes nutricios o quizás seminales : en una penumbra brumosa que parece adensarse conforme te

84

adentras en ella : baño de irrealidad que desbarata planos, desdibuja contornos, rescata sólo imágenes inconexas, furtivas : cuerpos erguidos, sentados, yacentes : inmóviles o entregados a experta gimnasia : robusta disposición genitiva : tendones bruscos y nervaduras recias : blanca musculatura compacta : buscando un hueco en donde acomodarte y hallándolo al fin : la espalda apoyada en el mármol, las piernas horizontalmente extendidas : respirando aliviado : vivo, vivo! : no en el proteico reino de lo blando e informe, de la flora rastrera e inmunda, de la obscena ebullición de lo inorgánico : abarcando las tersas superficies pulidas, eludiendo la mórbida carnosidad innecesaria : sin Radamanto, sin Tisífone, sin Cerbero : hechas las abluciones rituales, cumplida la ofrenda : en la llanura de deliciosas praderas y rumorosos bosques, ámbito de los seres felices : sombras que se ejercitan en la palestra, midiéndose en los viriles juegos, luchando sobre la dulce arena dorada : cráteres de ardiente lava, abrasadores géiseres en los que el eterno pompeyano busca y halla súbita, deleitosa muerte : Tariq, Tariq! : agnición de la humana fraternidad! : sólita epifanía del verbo! : mientras el sudor escurre por el cuerpo como si te hubieran baldeado y, poco a poco, naufragas en la languidez bienhechora : con los versos miríficos del Poeta incitándote sutilmente a la traición : ciñendo la palabra, quebrando la raíz, forzando la sintaxis, violentándolo todo : a un paso del tentador Estrecho : a punto de cruzarlo ya : inclinando también la cabeza y cerrando, sí, cerrando los ojos

II

Flatus voci y gesticulación
AMÉRICO CASTRO

hacia dentro, hacia dentro : en la atmósfera algodonosa y quieta, por los recovecos del urbano laberinto : como en la galería de espejos de una feria, sin encontrar la salida y con los papamoscas, en la acera, riendo de cada uno de tus tropiezos : pagando para devenir objeto de mancomunada irrisión y acertando a evadirte al fin, entre risas y burlas, con la expresión un tanto corrida y avergonzada : Tariq te precede en silencio y caminarás de prisa para alcanzarle : atigrado en su chilaba listada, los felinos ojos brillantes sobre las guías de los mostachos en punta : las calles están desiertas ahora y la luz de los faroles agiganta desmesuradamente vuestras sombras e invalida, de rechazo, vuestra precaria, insegura realidad : el eco de las pisadas, no es, acaso, excesivo? : las viviendas se superponen como maquetas de cartón y el nocturno cielo nublado imita un decorado ingenuo de bambalinas : falso, falso : personajes de una obra no escrita, inexistentes los dos : la duda es tu única certeza y, no obstante, le sigues, le seguirás sin rechistar : a la izquierda primero, después a la derecha y a la derecha aún : hasta el café lleno de hombres, cálidamente aromado de efluvios de hierbabuena y de Kif : sin voceadores de loto ni ruido de fichas de dominó : sin Cassius Clay, sin Pelé, sin Umm Kalsúm, sin Farid-el-Attrach : espectadores inmóviles, silenciosos, atentos, casi hipnotizados : caras que resaltan finamente diseñadas en la penumbra cuando os abrís paso entre las sillas y buscáis una mesa libre al fondo del local : ante dos vasos de té

89

con menta y una pipa en común : captado, también, por la magia suasoria del artefacto : atávica voz de la sangre, mensaje ecuménico y transcendental! : simultáneamente a millones y millones de paisanos, unido a ellos en unánime y venturosa comunión : ciudades hispanas con su enjambre de antenas, sagradas familias en sagradas cenas, con los niños, el papá, la mamá! : acogiendo como maná del cielo la elocuente dicción del oráculo : el sugestivo reclamo de una marca de sostenes, las níveas hazañas de un asombroso jabón : la ubuesca, ubicua versión de los acontecimientos que diariamente sacuden el tenebroso y desquiciado mundo moderno y hacen de vuestra patria un envidiable y envidiado remanso de paz, armonía y prosperidad : ríos de automóviles, arterias chorreantes de anuncios luminosos, rascacielos de treinta pisos que avasallan con su imponente mole la minúscula estatua de Cervantes! : estudios hollywoodenses de Almería y hoteles Hilton en Motilla del Palancar! : transformaciones espectaculares, sí, pero que no alteran en absoluto las esencias perennes de vuestra alma : enjundia de estoicismo senequista metido en la cañada de los huesos : la alpina estupefacción en Gredos y el Ku-Klux-Klan en la Semana Santa : mientras el oráculo de cuello almidonado y corbata de cuadros emite informaciones crípticas que atraviesan el hercúleo Estrecho, ganan la africana orilla, penetran por medio del artefacto en el moruno café : mano a mano ahora con una Sibila rubia y de pechos saltones, heraldo sonriente del Ubicuo y de su aspirante a sucesor : moderna teoría de los mass-media adaptada a la peculiar

idiosincrasia nacional! : en una salita cómoda y con
sillones tapizados, inesperado preámbulo de una asamblea de dimensiones mucho más vastas : rostros y
rostros infantiles que surgen y desaparecen al tiempo
que Tariq !lena la cazoleta de la pipa y te la pasa a
ti : un cuarto de siglo atrás? : poco más o menos :
compacta disciplina de niños brumosos cobijados bajo
su materna ala : siempre de negro hasta los pies vestido
y, en vez de cetro real, la conminatoria reglilla : imágenes de un lugar de cuyo nombre no quieres acordarte, preguntas y respuestas que zumban como flechas
y estallan en un deslumbrante ramillete de fuegos de
artificio : Ciencias Naturales hoy : Geología, Zoología,
Botánica
caracteres de los dípteros
un solo par de alas membranosas, balancines, aparato
bucal chupador, labio inferior en forma de trompa,
metamorfosis complicada
morfología del escorpión
artrópodo con pinzas de cangrejo y aguijón en la
extremidad abdominal, de pedipalpos muy desarrollados y cuatro pares de estigmas, cuerpo cubierto de
coraza quitinosa, respiración aérea, uña venenosa
los arácnidos
artrópodos terrestres con cuerpo cubierto de quitina,
cefalotórax breve, abdomen grande y redondeado, seis
abultamientos, provisto de numerosos tubitos por
donde salen los hilos con que fabrican la red
biología de la cobra
cuando alguien se acerca adopta una postura defensiva
irguiendo el cuerpo sobre un anillo plano, mientras

extiende ampliamente la capucha y dirige la cabeza
hacia adelante
peculiaridades de la víbora
cabeza triangular y aplastada, lengua bífida, boca dilatable para tragar grandes presas, maxilar inferior dividido, dientes huecos
algunas generalidades sobre los
caparazón con gruesas capas córneas de forma poligonal
espinoso?
probablemente
quelonio o saurio?
corazón con dos aurículas y un ventrículo, extremidades cortas y laterales, piel cubierta de escamas, escudos
o placas
grabado en colores representando diferentes especies
de?
hojas
entera?
alforjón
dentada?
ortiga
digitada?
castaño de Indias
verticilada?
rubia
impreso en?
Hallwag, Berna, Suiza
escala?
1/1 000 000
los demás detalles de la habitación no interesan : ni

la lámpara, ni el cenicero, ni el cuaderno rojo con las
cuatro tablas, ni el librillo de papel de fumar : pasarás, pues, a las clases prácticas
en medio de los demás niños vestidos con delantales,
agrupados alrededor de la mesa de la tarima en donde
él (Figurón?) manipula el tarro de vidrio y ajusta
cuidadosamente la tapa : una vasija circular de unos
veinte centímetros de diámetro, transparente, diáfana,
con el fondo cubierto de mullidos algodones amarillos
: hablando con su habitual tono de voz persuasivo y
didáctico, vigilando quizás en el rostro de él (el niño)
los primeros síntomas clínicos de terror : impercepti-
bles, de momento, al observador distraído o superficial
: mientras las quietas pupilas de sus compañeros es-
crutan el exiguo palenque y los protagonistas del modesto drama : el escorpión inmóvil y el saltamontes
que, encerrado con él, pugna por escapar, tienta el
cristal liso de la vasija, resbala, prueba de nuevo, vuelve a caer : fascinado tal vez (como él) por la rigidez
de los anillados segmentos, por la brusca erección de
las pinzas que permanecen armadas, a la espectativa,
como dos grúas de puerto prestas a descargar : desviando instintivamente la mirada, rechazando la blanda y horrible visión : los infantiles rostros que rodean
el tarro y la inefable sonrisa del hombre que, con
placidez seráfica, asiste a los esfuerzos desesperados e
inútiles del insecto y le agarra (a él) suave, pero
firmemente del cuello para obligarle a mirar, a mantener los ojos bien abiertos cuando el escorpión lo atrapa
por fin con las pinzas y adelanta el extremo del abdomen y le clava el aguijón venenoso en tanto que él

(el niño) palidece de súbito como un muerto y cae,
al suelo, redondo
qué, le hago daño?
no, en absoluto
respirando de alivio cuando sale a la calle : no al sol,
a la luz, al griterío de la avenida africana : al remoto
barrio hispano trazado por generoso compás de agrimensor : verjas de hierro con rejas en forma de lanza,
tapias erizadas de cristales y cascos de botella rotos,
jardines románticos, vago aroma de tilos : recatado y
fantasmal universo de senderos, laguitos, pabellones,
tiestos con hortensias, mazos de croquet, sillones de
mimbre, fichas de mah-jong, cucharitas de plata : lecturas piadósas, algún ejemplar descolorido de "Signal",
viejas canchas de tennis invadidas de hierba : villas recién recuperadas por sus dueños en aquellos dichosos
años de racionamiento y Auxilio Social : y plantado en
medio, rejuvenecido quizá, el niño
qué niño?
el mismo que te ha ido a visitar al café hace unos
instantes : alumno aplicado y devoto, idolatrado e
idólatra de su madre, querido y admirado de profesores y condiscípulos : delgado y frágil : vastos ojos, piel
blanca : el bozo no asombra aún, ni profana, la mórbida calidad de las mejillas : repasando la diaria lección de Ciencias Naturales o abismado en la abstrusa
solución de un problema : entre las húmedas y musgosas villas con marquesinas, estatuas, pararrayos, veletas,
cupulinos : por la sólita vegetación de glicinas, mimosas, geranios, rosales, dondiegos; hasta la herrumbrosa
puerta de hierro y el jardín inglés en donde la vie-

ja y abnegada sirvienta tiene dispuesta la bandeja
de chocolate con bizcochos y lee en voz alta, para edi-
ficarle, la paradigmática historia de Caperucita y el
lobo feroz
oh, mamita! : qué tortas tan ricas! : las has hecho para
mí?
no, Caperucita
con lo que a mí me gustan!
son para tu abuelita : me ha hecho saber que está
enferma
enferma? : y qué tiene?
no creo que sea grave : pero vas a ir a verla y le lle-
varás estas tortas y el tarro de manteca
sí, mamita : ahora mismo voy
mete todo en esta cestita y vete volando
atento (él) en realidad a la macheteada conversación
que le llega a través del jardín de la casa vecina
al final de la calle
la que hace chaflán?
esa que no terminan nunca
del estraperlista?
me parece que lo vi una vez
un hombretón grande?
con unos bigotazos y la cara acuchillada como
moro?
que vinieron acá cuando la guerra
bueno, pues como te digo
ella?
la mujerona que vende flores
que va al bar de?
sí, borracha

pues ella
con él?
no lo sabías?
por las noches
no sé cómo se atreven!
yo, nada más verlo, se me hiela la sangre
cuenta, cuenta
desde hace dos años
la tía sinvergüenza!
y la corrió a latigazos con su cinturón
por eso?
el verano pasado
ave María!
bueno, pues como te digo
entonces?
el otro día estaba en la puerta y cuando pasé
no me digas
sí, las hipnotiza
y ella?
chica, déjame respirar
estábamos en
el hijo de ella?
no lo recuerdo
uno pequeño, con una cabezota así
anormal?
sí, no habla ni nada
con él?
no tiene padre
ésa se junta con
anda, cuenta
hija, no me atosigues, a eso iba

una vez, en el puesto de flores
con la boca abierta?
como si cazara moscas
el pecado de
bien, pues rompieron y él
te digo que no se sabe de quién es
ah, bueno!
ayer por la tarde
él?
a casa de ella
no, no estaba
y sabes qué hizo?
hija, acaba de una vez
pues se fue derecho a la criatura y se le meó encima
qué?
como te cuento
sobre el niño?
ellos estaban delante y dicen que
lloraba?
no, no siente nada
menos mal
lo vieron?
sí, chica, con el bicho fuera y luego se abotonó y se
fue tan tranquilo
y ellos? qué hicieron?
mujer, qué querías que hicieran?
mientras la anciana y devota sirvienta prosigue la lectura con voz didascálica
toc, toc!
quién hay?
soy Caperucita Roja y traigo unas tortas y un bote de

manteca de parte de mamá

escurriéndose (él?) bajo el limpio mantel de la mesa donde permanecen, intactos, el chocolate y los bizcochos y escapando sigilosamente hacia la calle : acosado de presentimientos y deseos : a través del barrio desierto, con el corazón palpitante : jardines atrancados, mansiones al acecho, húmedos olores vegetales, melodía sorda del viento entre los mirtos : para correr hasta el límite de las obras e invocar allí, ansiosamente, la aparición del guarda y el niño, de la víctima y el castigador : apisonadoras y grúas bajo fundas de lona, solitarios y tristes andamios, descarnadas, inútiles varillas de hierro : y, junto a las pailas de alquitrán y sacos de cemento, la choza : atisbando por entre la horizontal cerrazón de las tablas, a la escucha de los densos, plausibles jadeos que pueblan la oscuridad : felinos combates nocturnos, rugidos de enceladas fieras, laboriosa cópula de carnívoros' que luchan, forcejean, quietamente se devoran con morosa delectación : buscando rabiosamente entre tanto la humillada y torpe silueta del niño idiota : pasmado, hidrocéfalo, con la estólida boca abierta? : ausente, ausente : mientras (él?) palpa la inferior hilera de botones y libera los de abajo del yugo pudoroso del ojal : apuntando, a metro y pico de distancia, el dominio elíseo : reticente al principio, como si quisiera hacerse rogar : pero obedeciendo al cabo con madura resolución : vertiendo recia, caudalosamente el rubio desdén fluido hasta el punto en que, de la negrura del antro, brota un gemido angustioso y una infernal presencia se remueve, vivamente contrariada, y, desde su humilde y acongojada postura, advierte con espantosa urbanidad

eh, que estoy aquí!

la vieja sirvienta se humedece las yemas de los dedos,
pasa la página, carraspea ligeramente

hala, cierra la puerta, que hace frío

qué hago con los obsequios que me ha dado mamá?

ponlos encima de la chimenea y vente a acostar conmigo, quieres?

sí, abuelita

escudriñando sin éxito entre las tablas, con los labios
rozando la madera, aspirando a pulmón lleno el denso
y perturbador aroma de su cubil : sin advertir, el muy
inocente, que los jadeos han cesado, que las fieras han
dejado de devorarse, que una mujer enorme ha abierto
silenciosamente la puerta y, bien encuadrada en la
pantalla del artefacto, se desliza hacia (él?) a pie
furtivo : plantando las manazas en sus hombros y rom-
piendo a reír

te cacé!

acentuando la presión de los dedos, obligando a mi-
rarla de frente

qué espiabas?

nada

embustero, más que embustero!

la vendedora de flores? : tocada con un fez rojo
rematado en borla : la boca embadurnada de rouge :
el escote inmenso, enunciativo, escabroso : los pechos
que parecen despeñarse a pesar de la muralla de con-
tención de un traje que, desdeñando la borrosa cintura,
cae a pique hasta las rodillas orbiculares : sobre las
macizas columnas sostenidas por zapatones con suela

de corcho y abiertos por delante : Putifar, Putifar!
viste el bicho?
no, le juro que no
embustero
no vi nada
querías ver dónde se mete, verdad?
no, no
sabes dónde está la gruta?
no!
acá!
agarrándole de la cabeza con una mano y levantándose
la falda con la otra : obligado (él?) a penetrar en
el virgiliano antro : dejando atrás monte de Venus,
labios, himen, clítoris y orificio vaginal para internarse
en la oblicua garganta abierta en la excavación pelviana y recorrer minuciosamente las caras anterior y
posterior y sus dos bordes y extremidades : antes de
cruzar el istmo del útero y adentrarse en una dilatada
cavidad en forma de pera, con la base hacia arriba y
la parte delgada hacia abajo, colarse en las trompas
de Falopio y sus meandros interiormente tapizados de
un mullido epitelio vibrátil, avanzar por el tubo visceral que progresivamente se ensancha hasta formar el
pabellón de la trompa : especie de flor u orejuela
provista de franjas, encargada de tomar el óvulo en
el momento de la dehiscencia y conducirlo al útero
mediante sutiles contracciones peristálticas : y alcanzar, por fin, el ovario : ovoide, almendrado, de color
blanco rosáceo, más congestionado durante el periodo
y gris amarillento en la menopausia, de superficie lisa
en la pubertad y rugoso y cubierto de cicatrices más

tarde, compuesto de un núcleo central y de una parte
periférica consistente y blanca : ahogándose, ahogándose
lo viste bien?
sí!
sabes cómo se llama?
no
pues ve y pregúntaselo a tu madre!
cacheteándose las caderas de risa mientras (él?) corre
a todo escape sobre la improvisada pasadera de tablas
y, siempre en la visual del artefacto, enfila por Necharin, baja por Arcos, tuerce a la derecha por Nasería,
sigue hacia Palma, Chemaa Djedid, Chorfa y Baños
: escudándose en el dédalo enmarañado de callejas y
topando, no obstante, con él : decorosamente vestido
para la circunstancia : un gabán un tanto desmerecido,
irregularmente abotonado y con el cuello subido a la
altura de las orejas, las perneras del pantalón desvirtuadas por el largo uso y unas melancólicas y extrañas
botas de gimnasta : avanzando con grave, atormentada
sonrisa : la mano derecha escapada al encuentro de
la suya (?), con respetuosa impaciencia : mi mamá,
la pobre, como siempre : tirando bien que mal : setinta años ya y la salud y los disgustos : y el dolor de
cabeza, que no la deja : que ni come la pobricilla : un
poquito de pan por la mañana, una taza de jarira por
la tarde, y pare usté de contar : como si estuviéramos
ya en Ramadán : y la asperina, eso sí : dos veces al
día, con un vasito de agua : de la mezquita a la casa,
de la casa a la mezquita : rizando y pinsando : en
sus hijos, en la familia de la cábila : un poquito apu-

rados de dinero, es verdad : el dichoso trabajo, siempre tan flojillo : pero sin perder la confianza en Dios

en tanto que (él?) se escabulle por la tangente, pegado a la tapia de ladrillos del solar

tangente, pegado a la tapia de ladrillos del solar
en tanto que (él?)

y atraviesa los frondosos jardines del colegio y se refugia en la iglesia : bajo la exhuberante armazón de doradas volutas y ornamentaciones florales : columnas y capiteles, retablos y rejas, aladas cabezas de ángeles, convulsas figurillas de demonios : la panoplia habitual de recursos guiñolescos y pánicos : piernas y brazos de escayola, muletas, matas de pelo, paños de verónica, aparatos ortopédicos que intensifican los efectos oratorios del predicador acumulando sabiamente el terror escénico a la ansiedad y tormento causados por la palabra

el desgraciado joven sucumbió a los cantos de sirena : él mismo se metió en el pantano : el placer apenas duró medio minuto : pero se abrió la primera brecha en el baluarte de su pureza y por esa brecha escurrirá poco a poco toda la energía, todo el vigor del cuerpo, todo el empuje de su alma : la acérrima voluntad deviene rápidamente una ruina : aplica el labio al borde de la copa para libar el néctar y no advierte el veneno que hay en el fondo : ah, si pudiera imaginar el trozo de lava endurecida en que se convertirá su corazón, su pobre corazón todavía fresco y gallardo! : valentía, magnanimidad, amor patrio, piedad filial, orgullo noble, caballerosidad, heroísmo ceden el paso

a la indolencia y la disipación : árbol joven, en plena
primavera, ve mustiarse sus hojas, ve secarse sus ramas : sin capullos, sin follaje, sin flores : mortalmente
herido en el tronco, perdiendo gota a gota la savia
vital

(las aceras llenas de hombres flacos y como sonámbulos, silenciosos siempre, apoyados en las paredes en
actitudes hieráticas y mirando sin ver

envuelta en una toalla raída, acurrucada contra el
muro : muda como un reproche mudo o una muda
interrogación)

conocéis sin duda la leyenda de Pandora, aquella
mujer de maravillosa belleza : llevó en arras a su
esposo una magnífica caja de oro y, al abrirla éste, el
dolor, la miseria, la enfermedad se escaparon de ella
e invadieron el mundo : amados jóvenes, los placeres
prohibidos se parecen a esa caja de oro que simula un
contenido mirífico : pero, ¡ay de quién imprudente-
mente la abre!| : nada predispone tanto el organismo
a la consunción como el pecado : a la manera de san-
guijuela insaciable va chupando la sangre, hace desa-
parecer del rostro las rosas de la juventud, apaga el
fuego alegre en los ojos : horrible enfermedad frente
a la cual la ciencia más avanzada confiesa su impoten-
cia : el cuerpo del culpable se cubre de pústulas, una
jaqueca tenaz no le concede un instante de reposo :
poco a poco se manifiestan síntomas de contagio en
la piel, en los párpados, en los intestinos : no logra
conciliar el sueño y le acosa, incesante, el deseo de
dormir : las dolencias más variadas se ensañan en él
y no puede ofrecerles la menor resistencia : en el pe-

riodo de máximo desarrollo el paladar se agujerea a
consecuencia de las llagas : muchas veces se pudre el
hueso nasal y el rostro queda desfigurado : su apariencia es la de un espectro : las articulaciones se vuelven muy frágiles
(en tanto que el viejo dispone y recarga el agudo instrumento y
qué, le hago daño?
no, en absoluto
pero respirando de alivio cuando)
y, sin embargo, esto no es más que la primera etapa
de la pendiente : no hemos llegado todavía a lo más
profundo del pantano : hay una ley física según la
cual el cuerpo, al caer, no baja con una velocidad
uniforme sino que ésta va acelerándose a medida que
aquél se acerca al abismo hacia el que lo atraen
las misteriosas fuerzas telúricas : esta ley de la gravedad no rige tan sólo en la naturaleza material, sino
también en la vida espiritual : el alma tiene sus ten-
dencias, sus inclinaciones torcidas : en cuanto empe-
zamos a ceder nos arrastran con impulso cada vez
mayor a los oscuros abismos del pecado : los cachorros
de león son mansos hasta ver la sangre : pero, al
primer mordisco, se transforman, se vuelven feroces :
amados hijos, perros hambrientos, lobos sanguinarios
se esconden en el fondo de nuestra naturaleza caída
: no les deis de comer o clavarán sus colmillos en
vuestra carne y beberán vuestra sangre pura, fresca y
joven
(vuela torpemente, perdiendo raudales de sangre
un mastín negro surge de una de las viviendas conti-

guas y lame los regueros bermejos con su lengua ágil y esbelta)

según los antiguos griegos, Prometeo robó el fuego del Olimpo, y los dioses, para castigarle, lo encadenaron a una roca del Cáucaso : un águila venía todos los días y le arrancaba el hígado : el hígado volvía a crecer y, al día siguiente, llegaba otra vez el águila : tal es el cuadro angustioso del adolescente que encendió en sí mismo el fuego de la lujuria

(eh, que estoy aquí!

humillada, sí, pero digna : interceptando bruscamente tu torrencial desahogo : el tiempo de ocultar tu culpabilidad atónita y devolverla a su tibia, perezosa guarida : incapaz de articular una excusa : volviendo sobre tus pasos y huyendo a todo correr

perseguido de una horda de mendigos que corren detrás de ti, te tiran de la manga, te rodean, amenazan, suplican, intentan cortarte el paso

rehuyendo su mirada viscosa, sorteando sus finos ardides y estratagemas

pasado Bab-el-Marxán, por la desbocada pendiente de la Alcazaba)

en el Museo Nacional de Berlín hay un cuadro conmovedor : en el fondo de un precipicio, entre abruptos peñascos, corre, salvaje, un torrente hosco : pasa un puente sobre el abismo : un puente que va estrechándose hasta quedar reducido a una tabla escueta : un joven jinete avanza por él con la cara encendida y los ojos ardientes : no ve la sima : no ve el vacío : sólo ve, al otro lado, la seductora y provocante figura de una lasciva mujer : la Muerte, junto a él, sonríe irónica y fría : lleva en la mano un reloj de arena y la arenilla está a punto de escurrir del todo : el jinete pisa la tabla : avanza, avanza aún : un momento más, y ya cae, ya se precipita : abajo, el Averno le espera con las fauces abiertas

(mientras Putifar gira con el fez rojo y los collares : balanceando el tronco de cintura para arriba, oscilando los muslos de cintura para abajo : con lentos, tenaces, trabajosos movimientos de rotación : sacacorchos o hélice : en el limbo del ser o no ser : invocando masculina ayuda con labios sedientos, convocando afluencia sanguínea con ojos extraviados

ondas y aguas que crecen y se multiplican, acuden, irrumpen, penetran, penetran)

los viajeros que vuelven de África del Sur hablan de una clase peculiar de serpientes que, con la mirada, hechizan los pájaros : el reptil no hace más que mirar y, aunque el pobre pájaro bate las alas y salta de rama en rama, no puede resistir, no puede quitar la vista de

(paralizados de estupor los turistas americanos observan el edificante espectáculo : moralidad o fabliau de retablo flamenco o alegoría medioeval : Mrs. Putifar con el fez rojo y el ridículo papel de fumar, y la sierpe de color gris, con una raya en zigzag a lo largo del dorso

grupo escultórico más bien : tallado en piedra, cincelado en bronce

el ofidio (culebra, áspid?) parece adormilado y, de repente, como respondiendo a convenida señal, adopta una postura defensiva

sucesivamente gira sobre sí misma, avanza, retrocede, se tambalea

levantan la falda y se arriman a orinar a la gruta)
seguramente habéis leído, amados jóvenes, lo que
ocurre con las plantas carnívoras : el insecto se posa
sin recelo en una de sus hojas velludas y al instante
queda pegado como una mosca en la superficie untuosa
del mosquero : la hoja, entonces, se enrolla con avidez
y lo inmoviliza con sus pelos impregnados de un néctar
dulzón : cuando, al cabo de unos días, se abre nueva-
mente no quedan ya del infeliz insecto más que unos
restos apurados y mondos
(desviando instintivamente la mirada, rechazando la
blanda y horrible visión : los infantiles rostros que
rodean el tarro y la inefable sonrisa del hombre que,
con placidez seráfica, asiste a los esfuerzos desesperados
e inútiles del insecto y te agarra suave, pero firmemente del cuello para obligarte a mirar, a mantener los
ojos bien abiertos)
durante las vacaciones habréis observado, igualmente,
el comportamiento de los arácnidos : cuando la víctima toca la tela, todas sus tentativas de desprenderse
agravan inexorablemente su situación : al agitarse, al
querer huir, se lía cada vez más : la araña contempla
silenciosamente el forcejeo, como si los desordenados
movimientos de terror le exaltaran : podría abalanzarse a la presa y acabar con ella de una vez : pero
espera : el insecto presiente el final, desea escapar
angustiadamente, y se enreda, se enreda : y ella no
tiene prisa : su mirada es fría, su resolución implacable : paso a paso, se aproxima al desdichado insecto
: podría salvarlo todavía si se lo propusiera, liberarlo
de un gesto magnánimo! : pero no quiere : lenta-

107

mente, le hunde los quelíceros en el cuerpo, le inyecta
su propio jugo digestivo y, sin rematarlo aún, al contrario, procurando alargar su agonía, va disolviendo y
chupando todas sus partes blandas
culpable, culpable!
con sambenito, coroza, mordaza, haces de leña sobre
la cabeza, corona de llamas, escapulario blanco : o
descalzo, en cuerpo, sin bonete, con una soga verde al
pescuezo y una vela verde en la mano : bajo la exuberante armazón de doradas volutas y ornamentaciones florales : columnas y capiteles, retablos y rejas,
aladas cabezas de ángeles, convulsas figurillas de
demonios : la panoplia habitual de recursos guiñolescos y pánicos : piernas y brazos de escayola, muletas,
matas de pelo, paños de verónica, aparatos ortopédicos : en la pantalla del artefacto, en medio de las
reprobadoras miradas peninsulares, postrado de hinojos ante el camerino de la Virgen
un maniquí de madera articulado, vestido con un
manto azul y oro y con el corazón atravesado de alfileres, como el acerico de una costurera : en sus brazos,
el Hijo, un muñeco de pelo rubio natural peinado a
lo Shirley Temple, empuña una espada de juguete
el rostro de la Virgen es, a la vez, grueso y demacrado : espesos grumos de almagre fingen regueros de
sangre en las lustrosas mejillas
llora?
sí, llora
por qué?
por ti
explorador indigno del antro de Putifar : verdugo en

cierne del inocentísimo niño idiota : agravando con
tus delitos el dolor de su alma afligida : hundiendo
nuevos y aguzados alfileres en su materno corazón
cuitado
rezando, rezando

        Madre mía amantísima
        Acueducto de las divinas gracias
        Reina de cielos y tierra
        Abogada y refugio de pecadores
        Inmaculada hija de Joaquín y de Ana
en la planicie brillante, cubierta de hierba y bañada
de sol en la que los bienaventurados juegan, brincan,
retozan, cantan en coro y practican deporte
el paraíso prometido a la minoría escogida de los continentes y de los castos
casto tú mismo, a salvo, a salvo
entre los lilios cándidos y las purpúreas rosas
redimido, feliz
hasta la interferencia brusca de una mano que te tira
de la manga, y una voz que, en árabe dialectal, te
pide lumbre
n'chal?
baraka-lau-fik
arrancado violentamente a tu sueño, abres los ojos

los infantiles rostros aplicados y tensos han desapare-
cido de la visual, y su juvenil emulación científica y
nemotécnica : el oráculo y la sibila conversan ahora
en un tecnocrático despacho de estilo funcional y Tariq
te tiende silenciosamente la pipa : la ramita de hierba-

buena escurre sus últimas gotas en el vaso vacío : el dueño del café te trae otro y su aroma cálido se agrega armoniosamente al del Kif : las caras de tus vecinos flotan en la penumbra absortas e inmóviles como máscaras : felinos ojos brillantes que convergen en el luminoso artefacto al acecho de un nuevo y trascendente mensaje ultramarino : la moderna técnica del marketing al servicio de vuestros valores imperecederos : urbanizadoras, jabones, detergentes, electrodomésticos de fabricación nacional?

el oráculo modula su castellanísima teoría de la estudiosa soledad del gabinete y se esfuma literalmente tras un busto romano con catadura de gitano viejo : rasgos faciales de finura aguileña, disposición capilar de matador de toros, patillas peinadas a lo flamenco

Séneca?

sí, Séneca

esto es, su cabeza del Museo del Prado

cabeza, si no de gitano, cuando menos de torero retirado, en los umbrales de la vejez

escuchando

del famoso Lagartijo solía afirmarse que hablaba como un Séneca y Nietzsche denominó a Séneca el toreador de la virtud : en cuanto a Manolete, su vida y su arte, su gesto entero, esa filosofía suya resumida elocuentemente en aquello de genio y figura hasta la sepultura, beben sus fuentes en las más puras esencias senequistas : la línea genealógica del senequismo, ya soterrada como el Guadiana, ora a flor de tierra, cuando anchurosa y mayestática, no ha dejado jamás de subsistir en España : la aceptación estoica del destino histórico

110

es el primer rasgo saliente de la actitud hispánica ante la vida : el carpeto concibe la Historia como un lento proceso de auto-depuración, como un continuo ejercicio ascético de perfeccionamiento : en el fondo del alma ibera hay un residuo indestructible de estoicismo que, hermanado íntimamente con el cristianismo, ha enseñado a los hombres de la Meseta a sufrir y a aguantar : ha hecho de ellos una casta de complexión seca, dura y sarmentosa, una casta de hombres sobrios, adaptados a la inclemencia del cielo y a la pobreza del clima : hasta el paisaje, este entrañable paisaje nuestro, parece empapado de efluvios éticos senequistas como observaron agudamente los maestros del 98 y lo plasmaron en inmortales páginas de estilo sedeño, sentencioso, reposado, con una especie de grave ternura que se diría que le sale de los tuétanos

Castilla, Castilla! : minutos de serenidad inefable en que la Historia se conjuga con la radiante Naturaleza : a lo lejos se destacan las torres de la catedral : una campana suena : torna el silencio

ante nosotros, átomos de eternidad, se abren, arcanos e insondables, los tiempos venideros

el camino se extiende, inacabable, ante la llanura : todo es llano, uniforme

pueblos que proclaman su santa alegría de vivir fuera de la Historia : soportales, una tiendecilla con mantas en la puerta, un mesón, un viejo palacio con un escudo de piedra, las celosías de un convento de monjas

concierto de badajos, como una sinfonía en el páramo : pinares estáticos al borde del sendero : alguna procesión monótona y grave de pardas encinas : unos

111

pocos álamos que, en la soledad infinita, adquieren
una vida profunda e intensa
estribaciones de huesosas y descarnadas peñas erizadas
de riscos : colinas cubiertas de pobres hierbas, donde
sólo levantan cabeza el cardo rudo y la retama desnuda
campo infinito en que, sin perderse, se achica el hombre, y en que siente en medio de la sequía de los
campos sequedades del alma!
la voz de off ha cesado y el canto gregoriano de los
monjes y el solo de guitarra : estás en el café
Séneca?
ahí lo tienes otra vez, de cuerpo entero y envuelto en
la toga, severo y enjuto, tal y como figura en el Museo
del Louvre
escritor latino sí, pero carpetovetónico por los cuatro
costados de su linaje : filósofo de la tauromaquia y
torero de la filosofía, como lo definió agudamente uno
de sus paisanos : de esa estirpe de pensadores ilustres
que va del estoico Lagartijo al pitagórico Manolete :
Lagartijo diseminó en su pecho la simiente, en él
inmarcesible, del estoicismo : Manolete provocó en
su inteligencia la adhesión a unos valores supremos,
absolutos, incondicionales : el amor al gesto quieto y
sosegado, a la actitud silenciosa y recogida, grave en
su postura y de pocas palabras en el trato común
mas pasemos a sus orígenes y epifanía : como en el
caso de Cristóbal Colón y otras grandes figuras históricas, numerosas ciudades se disputan el honroso pri-
vilegio de su nacimiento : pero los recientes estudios
de nuestros historiadores prueban sin ningún género

de dudas que éste se produjo en el centro de la Península y no en la periferia, y hoy podemos certificar ya, sin que nadie nos contradiga, que tuvo lugar en las cumbres de la sierra de Gredos, entre los riscos y los vericuetos, junto a las estrellas : sí, don Álvaro Peranzules, más conocido ahora por su seudónimo de Séneca, nació en la comarca de Gredos, de familia limpia y de muy buena sangre

su padre, don Álvaro Peranzules Senior, era hombre de mediana estatura, de frente muy despejada y con un entrecejo que daba severidad y energía a su mirada : metódico, austero y piadoso era, a los cincuenta años, Intendente General de Prisiones y autor de algunos bellísimos libros de poemas : hacía una vida inalterable : los sábados, al quebrar la tarde, iba a la iglesia de san Millán y se preparaba fervorosamente para la comunión dominical : al anochecer, se recogía a su adusto hogar y congregaba a los suyos y a los visitantes que allí hubiera para rezar colectivamente el santo Rosario

la madre poseía esa hermosura suave y transparente que es gala y casi patrimonio de las bellezas castellanas : un rostro ovalado y perfecto, y unos ojos pensativos y melancólicos : ya de mayor, doña Isabel la Católica vestía siempre de señora antigua, en lo que tiene de respetuosa y noble tal apreciación, ya que este concepto de la dignidad y la modestia no excluía una elegancia admirable en el porte : dueña de sí misma, animada de intensa vida espiritual, asistía a las conmociones que le deparaba la existencia con una serenidad y entereza que serían estoicas si no quedaran más exactamente definidas con decir que son hispanas

había en Gredos un colegio de educadores humildes, abnegados y buenos y en dicho colegio cursó Séneca sus primeras letras : Alvarito era, entonces, fino y delgado, con unos ojos grandes, brillantes, curiosos : decidido y siempre bien dispuesto a cumplir los deberes, por penosos que fueren, que imponía la disciplina escolar : pero, a la vez, ameno, con un alma saltarina y alegre que le impulsaba a realizar esas acciones meritorias que son el perfume de los años floridos de la niñez

en la visual del artefacto : ceñido en una graciosa toga, con una muleta de torero en la mano, coronado de esbelto laurel, el pequeño Séneca siente insaciables afanes de inmortalidad y quiere abolir toda distancia entre el ser temporal y el ser eterno : sucesivamente, deposita una oruga en la vera del camino evitando su probable aplastamiento bajo las suelas de algún peatón distraído : endereza el tallo de una flor agobiada por los calores veraniegos : siembra migajas de pan para los pájaros desnutridos : fustiga suave pero firmemente la escandalosa impudicia de dos moscas vinculadas ex commodo en fulmínea y sonora copulación : reza jaculatorias en latín y oraciones ricas en indulgencias cuyo cómputo aproximado, frais déduits, se eleva a la astronómica cifra de 31273 años : consecuencia : quince almas del purgatorio aliviadas de sus penas de daño y de sentido según la fidelísima y dulce contabilidad IBM y hasta el posible rescate del limbo de algún niño mongólico o subnormal : resultado que supera las previsiones más optimistas y propaga el

114

renombre del futuro filósofo por todos los pueblos y aldeas de la región

su inteligencia viva y despierta suscita igualmente la admiración de sus profesores : ante los tribunales de examen, Alvarito responde de modo certero y veloz y recibe las felicitaciones entusiastas de maestros y condiscípulos

yo soy viva, soy activa, me meneo, me paseo, no trabajo, subo y bajo, no me estoy quieta jamás

la ardilla!

es pequeño, peludo y suave : tan blando por fuera, que se diría todo de algodón, que no lleva huesos

Platero!

animal pirenaico, de cresta roja, que confesado y comulgado ataca al hombre

carpeto!

vivo sin vivir en mí, y tan alta vida espero, que muero porque no muero

la gallina!

muy bien : magnífico : diez sobre diez : en un tiempo record

su fama corre de boca en boca y atrae pronto la atención de Lagartijo

el célebre estoico le envía a la escuela de tauromaquia de Alcalá de Henares, para iniciarle en los supuestos filosóficos de la lidia : el pequeño Séneca aprende rápidamente los pases de la filosofía de salón y, con el bien ganado diploma complutense, se traslada a la universidad taurina de Salamanca : allí, Manolete dispensa sus imperecederas lecciones de gesto y de mímica, su carpetovetónica doctrina de la impasibili-

dad : su lema de genio y figura hasta la sepultura :
arrojo, resolución heroica, desprecio de los bienes materiales, terquedad, intransigencia : fe tranquila, sin
nubes : serena sumisión a la voluntad de Dios
cuanto más genio, más figura : cuanto más figura,
más genio : inspirándose en la compacta ideología de
Manolete, Alvarito se fabrica cuidadosamente una figura impermeable y hermética : de estructura dermato-esquelética, articulada como una coraza : simultáneamente su rostro adquiere una dureza granítica
que sobresale entre la masa de discípulos menos dota-
dos que él y extiende el prestigio de su juvenil magisterio hasta los rincones más olvidados del país : su
máscara se convierte pronto en un punto obligado de
referencia, e incluso, en un centro popular de peregri-
nación : personas de distintas edades y de todos los
medios sociales acuden a ella y contemplan religiosa-
mente las piezas de su armadura ósea, sus petrificados
rasgos de estatua : las esencias hispánicas son eviden-
tes, el alma carpetovetónica ha encontrado su símbolo
: Alvarito es ya don Álvaro Peranzules Junior y el
pequeño Séneca es Séneca el Grande, el ínclito e inmortal Figurón
Figurón, sí, Figurón
tras la mesa de un rectoral despacho cubierta de papeles y libros y un austero crucifijo kierkegaardiano
que abre los brazos junto a la lámpara de cabecera y
proyecta su sombra inmensa en el tapiz : severo y enjuto mientras despliega gravemente la muleta o realiza
una serie inigualable de manoletinas y pases de pecho
que provocan el sobrecogedor deliquio, el arrobo se-

ráfico de la hispana multitud : acogiendo las deliran-
tes aclamaciones con un rictus estereotipado y lleván-
dose la mano, esa personalísima mano suya que parece
pintada por El Greco, al sitio del corazón
ah, me duele España!
o en pleno zafarrancho del combate, con su caballerosidad y cristiandad en fusión perfecta e identificación
radical, en tanto que conversa telefónicamente con el
hijo y alza la voz y se encumbra a las cimas superiores
de la elocuencia y de la retórica.

SÉNECA JUNIOR : oh, padre! por qué me matan?

SÉNECA SENIOR : al Rey, la hacienda y la vida
se ha de dar : pero el honor
es patrimonio del alma
y el alma sólo es de Dios

SÉNECA JUNIOR : mucho fiara de ti
pero no me deja el miedo

SÉNECA SENIOR : y si te lo digo yo
negarásmelo?

SÉNECA JUNIOR : bien dicen que nuestra vida
es sueño

SÉNECA SENIOR : pero todas son ideas
que da a la imaginación
el temor : y temer muertos
es muy villano temor

SÉNECA JUNIOR : porque es tanto mi peligro
que juzgo por menor daño
pues todo ha de ser morir
morir sufriendo y callando

y su fama se extiende y extiende, oscurece y eclipsa
la de sus maestros, adquiere proporciones jamás vistas,

deviene el emblema nacional : con su inseparable asesor, el ilustre doctor Sagredo, somete el país a una prudente terapéutica de sangrías y purgas que restablece lentamente, al cabo de varios lustros, su comprometida salud : los carpetos lo comprenden así por aquello de quien bien te quiere te hará llorar y le manifiestan, desde entonces, un cariño y devoción verdaderamente excepcionales : el método evolutivo y paciente de influir sobre la realidad repugna a vuestro Séneca, que quiere ahora mismo y sin más tardar, por el solo imperio de su voluntad y poder, que el mal desaparezca y todo se sujete a la fórmula contundente de sus palabras : la materia, el cuerpo, los cuerpos están o deben estar a las órdenes del espíritu : si se niegan a obedecer a éste es preciso obligarles por la violencia, la penitencia o el castigo sobre sí mismo y sobre los demás : la disciplina, la purga, la sangría : el profluvium sanguinis : la precavida eliminación de glóbuios rojos y un régimen dietético severo y radical

y he aquí que el secular enfermo se repone poco a poco y da sus primeros pasos por la habitación y expresa su eterno reconocimiento al celo de Séneca y a los remedios empíricos de su asesor : y el carpeto se subordina con alegría y énfasis a este yo real, en quien percibe fuerza, energía, poder de mando, dureza, superioridad de carácter : la fotografía en colores del filósofo luce en todos los establecimientos públicos y despachos oficiales y se da su nombre a copia de ciudades, aldeas, barrios, plazas, paseos, avenidas : los niños lo reciben asimismo en la pila bautismal y las monedas reproducen su efigie : su ascensión es literalmente irresistible y, pese a las maniobras de obstrucción de sus enemigos, obtiene el espaldarazo de un reconocimiento internacional casi unánime : Séneca inaugura conceptos y pases, escuelas de tauromaquia y cátedras de filosofía : torea y dialectiza en la Feria de Sevilla, recibe prelados y dignatarios, sube a respirar los éticos efluvios de Gredos, departe largamente con su vieja amiga la capra

allí, en el espinazo de Castilla, a dos mil metros de altura sobre la Meseta, trepan al montón de piedras que sustenta el risco Almanzor y contemplan el imponente espectáculo del anfiteatro que ciñe la laguna grande de Gredos : entrañas ibéricas, cimas de silencio, de olvido, de paz! : juntos, recitan el "Infante Arnaldos" y el "Romance de Blanca Niña", sonetos de Lope de Vega y autos sacramentales de Calderón : declamando con voz estentórea, que el eco repite dos veces entre las soledades : luego, evocan recuerdos comunes y acontecimientos históricos que les retraen, nostálgicamente, a la risueña, luminosa época de su bizarra y aguerrida juventud : con la fraternidad viril de las armas y de las letras, de su entrañable, visceral adherencia a la empresa Universal de salvación : tras las parcas colaciones, brindando con una copa de vino español y forzando la emoción hasta las lágrimas

te acuerdas?

qué gente!

viva el Tercio!

entonces, el tío cabrón

119

sí, tras el mogote
y yo con la ametralladora
los jodimos
ja ja!
los hicimos polvo
como moscas
tac, tac, tac, tac!
ah, qué tiempos aquellos!
henchida el alma de aliento de eternidad, de jugo
permanente de la Historia, vuestro Séneca regresa a
la ciudad y sus cuidados, al tráfago urbano, al mundanal ruido transfigurado como los Beatles después de
su retiro espiritual en la India : periodistas, fotógrafos, reporteros de radio y televisión le rodean y acosan
con profusión de preguntas a las que responde con
nobleza, inteligencia y ecuanimidad : sus rasgos de
Figurón son de una impasibilidad y un rigor absolu-
tamente excepcionales y sobrecogen de admiración a la
masa mucilaginosa y desvertebrada de sus hinchas y
adoradores : a enjambres, como abejitas, van a recoger el rocío de su palabra : Séneca da pases taurinos,
funda un nuevo sistema dialéctico, organiza clases
nocturnas y cursillos por correspondencia de inmovilidad y hieratismo y, en la apoteosis internacional de su
triunfo, da a entender que, si un día lejano falta, el
senequismo, su Obra, debe continuar
la eventualidad de su retiro o desaparición provoca un
natural sobresalto de terror entre sus discípulos, y
personas de todas las edades y categorías sociales acuden de nuevo a él y, en medio de sollozos y ayes, le
ratifican su inquebrantable adhesión

uno tras otro, precedidos e intermediados de música de guitarra y pasodobles taurinos, desfilarán por el hipnotizador artefacto

UN AFICIONADO ANDALUZ

pienzo telegrafiarle diziéndole que he pedío de rodiya a la Virgen Patrona que dezizta de zu empeño, porque lo mizmo que Eya le protegió haztaquí zeguirá dizpenzándole zu patrozinio toa la vía : no pué irze azí, por la buena : zon mucho miyone la criatura laz que laz tarde de corría tienen loz ojo y el corazón pueztoz en él, y pa toz eyo y pa la maza popular eze muti zería la hecatombe de zuz iluzione

UN POETA MADRILEÑO

mi poesía es esencialmente intimista : quiero decir, que los motivos de ella son, en general, efluvios de mi vida interior, de la concepción del mundo a través mío, de la delicia de saborearme yo mismo : es una especie de diálogo que sostengo con mi alma, que unas veces responde cumplidamente y otras se muestra hosca y silenciosa a mi requerimiento

piensa usted votar?

sí, votaré

puede decirnos algo más?

mi respuesta será un sí rotundo

UNA NOVELISTA DE PROVINCIAS

cómo es usted realmente? : suponga que es un personaje de sí misma y tiene que describirse

soy femenina, sensible, apasionada, sincera : distraída también : hasta el punto de que en

la calle tropiezo con todo : una vez un señor
me dijo un piropo y yo me volví y le pregunté:
qué decía usted?
sus personajes creen en Dios?
sí, pero dudan y luchan, sufren
votará?
naturalmente : adoro a Séneca : es un hombre
divino, divino

UNA ACTRIZ DE TEATRO

mi lozanía se mantiene a fuerza de lechuga y
castidad
cómo se sitúa usted filosóficamente?
soy estoica hasta la médula de los huesos
cumplirá con su deber electoral?
Séneca me fascina

UN TRÍO VOCAL

romancero, auto sacramental, libro de caballería!
Cid Campeador, Manolete, Meseta!
mística, tauromaquia, estoicismo!
Séneca, Séneca, Séneca!

la carismática invocación corre de boca en boca : en
todos los lugares del país, los carpetos se precipitan
a las urnas a fin de reafirmar ante el mundo su acendrado espíritu patriótico y su inalterable devoción a
la persona del filósofo y su doctrina
el sufragio es popular, clamoroso y no falta en él esa
nota tierna, humana, emotiva, reveladora del espíritu
hispano tanto por su espontaneidad como por la brava
sencillez de sus protagonistas
cuando Séneca aparece en la barra de Chicote, el

público prorrumpe en aclamaciones entusiastas, emo·
cionantes, inenarrables

una señora de edad avanzada se aproxima a él y grita
con todas sus fuerzas : bendita sea tu madre!

una mujer que estaba en cama esperando el momento
de su alumbramiento, manifiesta su vivísimo deseo de
votar y es trasladada ipso facto al colegio correspondiente : al regresar a casa sobreviene el trance y la
parturienta da a luz un precioso carpeto entre gritos
de viva Séneca y su natural alegría de sentirse madre

unos recién casados, finalizada la ceremonia nupcial,
se trasladan en traje de boda a sus respectivos distritos
electorales : hemos dicho sí en la iglesia y ahora re-
petimos sí para Séneca y el estoicismo

una conmovedora papeleta es depositada en la sección
44 área Centro : en ella, debajo del recuadro con un
gran sí, se lee: voto a Séneca porque él encarna nuestras más puras esencias y responde cabalmente a las
coordenadas perennes de nuestra Historia

un voto emitido en las cimas etéreas de Gredos dice :
sí, sí, y sí por los siglos de los siglos

escribo sí con mi propia sangre, proclama un adepto
del doctor Sagredo

en Madrigal de las Altas Torres otro elector firma
también con su sangre y estampa el sí en la correspondiente papeleta

siete años preso por epicúreo, pero voto a Séneca : un
sí al tío más grande de España!

en el cielo intenso y puro de Madrid varios aviones
dibujan inmensos sís a la continuidad ontológica del
senequismo

todos votan por Él
los gitanos
las monjas de clausura
los futbolistas
los octogenarios
los enfermos
los impedidos
helicópteros de la Strategic Air Command USA despliegan su retrato gigante y arrojan millares de obleas con su augusta Efigie : grupos de beatas, impulsadas por veloces túnicas, corren tras ellas y las atrapan al vuelo, con pasmosa celeridad : los aguerridos y escandalosos gallos de marzo cantan la gentil primavera de las Españas y ángeles con espadas velan junto a las jambas de las puertas de vuestro paraíso erecto, implacable, difícil : el rostro del Ubicuo se dibuja en transparencia sobre un despliegue flameante de banderas mientras suenan, en sordina, los diferentes compases y motivos de la charanga nacional : imborrable, imborrable! : en medio de los emblemas y símbolos : dueño y señor de los carpetos : definitivamente inmortal
cuando el artefacto enmudece y se extingue, los hipnotizados clientes del café parpadean soñadoramente y se frotan los ojos
Tariq te tiende otra vez la pipa, y volverás a fumar

altivo, gerifalte Poeta, ayúdame : a luz más cierta, súbeme : la patria no es la tierra, el hombre no es el árbol : ayúdame a vivir sin suelo y sin raíces : móvil,

móvil : sin otro alimento y sustancia que tu rica palabra : palabra sin historia, orden verbal autónomo,
engañoso delirio : poema : alfanje o rayo : imaginación
y razón en ti se aúnan a tu propio servicio : palabra
liberada de secular servidumbre : ilusión realista del
pájaro que entra en el cuadro y picotea las uvas :
palabra-transparente, palabra-reflejo, testimonio ruinoso yerto e inexpresivo : cementerio de coches, oxida-
da hecatombe en las orillas de la gran ciudad : gua-
dalajara verbal que ensucia y no abona, deyección
maloliente e inútil : discursos, programas, plataformas,
sonoras mentiras : palabras simples para sentimientos
simples : amores honestos, convicciones fáciles : las
tuyas, Julián, en qué lengua forjarlas? : palabra extrema de pasión extrema, orquídea suntuosa que envuelve e hipnotiza : pasión vedada, sentimiento ilícito,
fulgurante traición : cierra los ojos, fulmina el
tenebroso artefacto : su ciclópea pupila aspira a in-
movilizarte, estatua ciega como la mujer de Lot :
imagina la cicatriz venenosa al otro lado del mar : espaciosa y triste tierra bañada por el fluvial profeta : en
mala hora te goces, injusto forjador! : contempla el
materno vientre hinchado y su innúmera prole : el
estoico filósofo y sus bizarros hinchas : míralos in-
crustados en sus sillones, guarnecidos de poderosas
gabardinas, cigarro en mano, bigotico en tilde, brillo
capilar, lustre zapateril en acorde perfecto : babeando
siempre ante el inaccesible antro o la ampulosa excre-
cencia inútil : mezquino, virginal serrallo, lugar
común del lechuguino concepto! : mientras el arrodi-
llado esclavo ejecuta a sus pies el castizo, académico

arte de limpia-fija-y-da-esplendor con la etéreomusical convicción de un Toscanini dirigiendo la Quinta de Beethoven : hijo de la mugre y el garbanzo, mesiánico adorador de sus cadenas : huye de ellos, Julián, refúgiate en el café moro : a salvo de los tuyos, en la africana tierra adoptiva : aquí la nefanda traición dulcemente florece : víbora, reptilia o serpiente enconada que, al nacer, rompe los yjares de la madre : tu vientre liso ignora la infamia del ombligo : vida y muerte se confunden en ti con rigurosidad exacta : rodeado de presencias amigas, entre espirales de humo aromatizado, saboreando la abrasadora comunión de un vaso de hierbabuena : hachich, aliado sutil de tu pasión destructiva! : tu vuelo acariciante ciñe el lenguaje opaco de un esplendor sombrío, el verbo encadenado se libera, su arquitectura deviene fluida, la mezquina palabra despierta y ejecuta la implacable traición : en un barrio olvidado de esa ciudad de cuyo nombre no quieres acordarte el niño vuelve del colegio con la cartera a la espalda : muchacho delgado y frágil : vastos ojos, piel blanca : el bozo no asombra aún, ni profana, la mórbida calidad de sus mejillas : lo ves, está ahí, la escena se repite, vieja como el mundo : los acordes punzantes de la música árabe acompañan el rito ancestral : el niño fascinado por el áspid y tú, Julián, avanzando hacia él sigiloso y nocturno como un criado nubio : pero detente : no galopes : la traición se realizará : tu sierpe tenaz aguarda el secular desquite : hálito de la austera Castilla, tierra de hombres adustos, graves y sosegados! : amores sencillos y castos, parejas vinculadas en procreación tediosa e insulsa! : la poda castratriz ha sido completa y tu furor desdeña los límites : el pasivo serrallo acogerá con júbilo el áspid, la robusta culebra suplantará su concepto mísero y lechuguino : sierpes volantes escoltan la andadura de cuantos ciñen líbico turbante : las voces suenan ya : escúchalas : en el solar ingrato, verdugo de los libres, inteligencia y sexo florecerán

III

Los moros de la hueste todos vestidos del sirgo et de los paños de color que ganaran, las riendas de sus cavallos tales eran como de fuego, las sus caras dellos negras como la pez, el más fremoso dellos era negro como la olla, assí luzíen sus ojos como candelas; el su cavallo dellos ligero como leopardo, e el su cavallero mucho más cruel et más dañoso que es el lobo en la grey de las ovejas en la noche.

ALFONSO X EL SABIO: *Crónica General*

...África, la cual soltó luego por España sus sierpes, inundándola con nuevos diluvios de gente.

SAAVEDRA FAJARDO: *Corona gótica, castellana y austriaca*

desde hace algún tiempo, en los escaparates de las
tiendas y las paredes de las casas, unas hojitas rectan-
gulares, escritas en francés, invitan a la población ma-
rroquí a una empresa en común, noble y humanitaria
DONNEZ VOTRE SANG SAUVEZ UNE VIE
el llamamiento te persigue obsesivamente y esta misma
tarde, al oscurecer
(la tiniebla favorece de ordinario tus negros designios)
te presentarás en el lugar indicado y aguardarás pacientemente tu turno al final de la cola
(como medida de precaución llevas gafas ahumadas
y un caricatural bigote postizo)
los donantes conversan en voz baja sobre temas fútiles
y tú permanecerás al acecho, en dolorosa tensión
debes pasar inadvertido y cualquier signo de excita-
ción o desasosiego puede denunciarte
tu rostro simulará la dureza compacta de la roca y tus
ojos mirarán con fijeza el vacío
cuando la enfermera anude la correhuela en torno del
brazo y hunda la jeringuilla en una de tus serpentean-
tes venas azules, respirarás de alivio y satisfacción
(no estás en Tánger, sino en España, y la sangre que
tan maliciosamente ofreces infectará obligatoriamente
tu tribu)
espiroquete no, virus de rabia
te ha mordido un perro rabioso y, al líquido espeso del
frasco, añadirás
(prevención necesaria dado que, en este caso, no suele
ser contagioso)

131

algunos filamentos de saliva

(el hecho se ha producido del siguiente modo : estás
tumbado en las esteras, atento a la danza jeroglífica
de los pajaritos drogados cuando observas la presencia
súbita del mastín : su pelo es negro y crespo, su lengua
rosa, sus ojos brillantes y amarillos : su miembro
apunta breve y afilado y el hocico aspira con arrobo
el humo aromatizado de las pipas : sus movimientos
son flexibles y esbeltos : nadie parece reparar en él
: el suelo está cubierto de gallos decapitados, y él olfatea espaciosamente la delicada palpitación de las vísceras : algo te señala la inminencia del peligro, pero te
sientes incapaz de todo esfuerzo : los colmillos del animal relucen como dagas de acero pulido y, bruscamente, los clava en tu cuerpo con enérgica exactitud : ningún dolor, no : al contrario : la aguda, sutil percepción del paranoico o del enfermo mientras, abajo, la
sangre afluye culpable, insumisa : algo así como un
dorado mar de muelles sin nudos, sin enganches : sólo
un hilo de goma que gira y se entrelaza, insinuando
una suave arquitectura de comodidad)

la enfermera no se dará cuenta de tus manejos y agra-
decerá el don con emotivas palabras

tú aceptarás modestamente sus cumplidos e improvisa-
rás, a tu vez, un bello discurso

(en la biblioteca del bulevar existe un rico surtido de
diferentes modelos

épico, dramático, poético, etc.)

y, a cubierto de toda represalia, esperarás con calma
el resultado de la furtiva inoculación y el curso lento,
pero inexorable de la enfermedad

(en los manuales de medicina al uso se acostumbra a distinguir tres periodos : en la fase incubatoria el enfermo experimenta, por intermitencia, sensaciones anormales : hormigueos, irritación, quemazones, punzadas fulgurantes y súbitas : estos síntomas preludian una etapa melancólica posterior durante la cual la víctima se siente deprimida, triste : la respiración se hace entrecortada, una angustia sin objeto le oprime : la menor tentativa de tragar un líquido, la luz demasiado viva e, incluso, el simple recuerdo de ella le provocan espasmos tan dolorosos, sofoco y asfixia tan crueles que, en el instante de beber, retrocede atemorizada : su rostro refleja sufrimiento, sus rasgos se contraen, los miembros tiemblan, el cuerpo se estremece : estos accesos le impiden absorber una sola gota de agua : las crisis se reproducen espontáneamente y a intervalos cada vez más cortos : van acompañadas de convulsiones y un aumento general de la temperatura : entre dos ataques el enfermo pasa por momentos de locura furiosa y, frecuentemente, le asaltan ideas de suicidio : su sobreexcitación es extrema : no puede estar quieto : se levanta, yerra por la habitación, choca con paredes y muebles, se hiere, lanza violentos aullidos : su boca trémula baña en una densa espuma : a veces intenta huir, forzar la puerta, precipitarse por la ventana : se acuesta aún, se agita frenéticamente, desgarra cubrecamas, mantas y sábanas, muerde cuanto tiene a su alcance : al cabo de unas horas el cuerpo se cubre de un sudor viscoso y una baba blancuzca mana de la comisura de los labios : la parálisis se extiende poco a poco y, en el común de los casos, acaba extin-

guiéndose por asfixia)
concluida la lectura, dictarás solemnemente tu
bando
todo individuo atacado de rabia será secuestrado en
una habitación hasta su muerte
el remedio no existe y el desenlace es fatal
después del óbito, la dicha habitación y cuantos objetos hayan servido al enfermo serán rigurosamente
condenados y, sin desinfección previa, nadie los volverá a usar

la patria es la madre de todos los vicios : y lo más
expeditivo y eficaz para curarse de ella consiste en
venderla, en traicionarla : venderla? : por un plato de
lentejas o por un Perú, por mucho o por nada : a
quién? : al mejor postor : o entregarla, regalo enve-
nenado, a quien nada sabe ni quiere saber de ella : a
un rico o a un pobre, a un indiferente, a un enamo-
rado : por el simple, y suficiente, placer de la traición :
de liberarse de aquello que nos identifica, que nos de-
fine : que nos convierte, sin quererlo, en portavoces de
algo : que nos da una etiqueta y nos fabrica una máscara : qué patria? : todas : las del pasado, las del presente, las del futuro : las grandes y las chicas, las poderosas, las miserables : venta en cadena, delito conti-
nuado, traición permanente y activa : vender Caldea
a Egipto
Egipto a Persia
Persia a Esparta
Esparta a Roma

Roma a los Bárbaros
los Bárbaros a Bizancio
Bizancio al Islam
abandonarse al excitante juego de las combinaciones
y extraer de cada operación un beneficio cualquiera :
económico, físico o espiritual : o, en último término,
por pura gratuidad, por la fulgurante satisfacción del
acto en sí : traición grave, traición alegre : traición me-
ditada, traición súbita : traición oculta, traición abierta
: traición macha, traición marica : hacer almoneda
de todo : historia, creencias, lenguaje : infancia, paisajes, familia : rehusar la identidad, comenzar a cero
: Sísifo y, juntamente, Fénix que renace de sus propias
cenizas : una dosis de hierba más fuerte que la ordina-
ria basta : y una cálida, densa, propicia animalidad
: Tariq está junto a ti y en sus ojos parece albergar
la mirada implacable de un tigre

convencido de la urgencia y necesidad de la traición,
multiplicarás tus centros de alistamiento y banderines
de enganche
a mí, guerreros del Islam, beduinos del desierto, árabes instintivos y bruscos! : os ofrezco mi país, entrad
en él a saco : sus campos, sus ciudades, sus tesoros, sus
vírgenes os pertenecen : desmantelad el ruinoso bastión de su personalidad, barred los escombros de la
metafísica : la faunesca agresión colectiva se impone :
hay que afilar los cuchillos y disponer los dientes : que
vuestra sierpe sediciosa se yerga en toda su longitud
y, cetro soberbio y real, ejerza el poder tirano con

135

silenciosa, enigmática violencia : a tu mente acuden
en tropel imágenes líricas, suntuosas : festones de
estuco, calados de yeso, puzzles de estalactitas, quebra-
dizas columnas, tacos de exquisita cerámica : alicata-
dos, inscripciones cúficas, letras nesjís : mucharabis,
aldabas de hierro, lámparas de mezquita : jardines
secretos, corraladas de cal : palmeras, surtidores de
hojas : dunas, paisaje familiar
rostros crueles, entrevistos o soñados, compondrán en
adelante tus huestes : pastores de Tenira y Mulay
Busselham, mineros de Laarara Fuara, fellahs de Suk-
et-Tlata y Laguat, jayanes de Uxda y El Golea
los cabos de vuestros turbantes ondean mientras avan-
záis al galope : contemplad la cicatriz venenosa al
otro lado del maṛ : la riqueza magnífica al alcance
de vuestros corceles
nuestros símbolos vetustos, tediosos, yacen arrincona-
dos en un polvoriento desván : leones de felpa, casti-
llos de arena : cintajos, colgaduras, monedas efigiadas
: banderas, escudos, charanga nacional
nuestras figuras gloriosas y efemérides patrias suscitan
el bostezo pulcro y cortés, la amable, comedida sonrisa
: Trajano, Teodosio, Adriano! don Pelayo, Guzmán
el Bueno, Ruy Díaz de Vivar!
el deslumbrante progreso industrial, la mirífica sociedad de consumo han desvirtuado los rancios valores
: Agustina sirve hot-dogs en un climatizado parador
de turismo : el tambor del Bruch masca chicle y fuma
Benson and Hedges
a fuerza de mantener el brazo en alto y extendido
adelante, con la mano abierta y la palma hacia arriba,

los huesos se nos han vuelto de plomo y lamentablemente han caído conforme a la ley de la gravedad
Alto de los Leones, epopeya del Alcázar, sitio de Oviedo, crucero Baleares, cárceles rojas, tercios de Montejurra se han esfumado para siempre tras un decorado muy urbano de estaciones de servicio, snacks, Bancos, anuncios, cafeterías : de chatas y débiles ideas políticas : de actitudes blandas, prudentes, insustanciales
los aguerridos y escandalosos gallos de marzo que anunciaran la gentil primavera de las Españas han muerto : en nuestro paraíso fácil y muelle, los ángeles que velaban con espadas junto a las jambas de la puerta digieren ahora penosamente su última juerga flamenca de whisky y de manzanilla
oídme bien : Meseta ancestral, espada invicta del Cid, caballo blanco de Santiago : nada os resistirá : la máscara nos pesa : el papel que representamos es falso : una imperiosa necesidad de aire agita nuestros pulmones : la sangre circula rápida, el corazón aletea, el cuerpo aguarda con ansia vuestra virilidad retenida : dudáis aún? : escuchadme : la baza es segura : mi felonía se prolongará ocho siglos : escrito está en el cielo y vuestros prófetas y morabitos lo saben : un desorden sin fin, una corrupción general, una epidemia fulmínea, devastadora : los signos premonitorios se acumulan y el fiero mar del Estrecho deviene liso como una balsa : la travesía no ofrece riesgos : desembarcad!
y, desde la rauda embarcación de Tariq, pondrás pie en el funesto país y asumirás la dirección general de las operaciones

vestirás de carpeto a tus agrestes y montaraces guerreros y los infiltrarás en la futbolera tauromáquica multitud

ocuparás iglesias, bibliotecas, cuarteles, el monasterio de Yuste, San Lorenzo del Escorial, el Cerro de los Ángeles

liberarás la mezquita de Córdoba, la Giralda, la Alhambra

arrasarás el granadino palacio de Carlos Quinto

sentarás tu harén en el jardín del Retiro

fomentarás la apostasía muladí y la propaganda alcoránica

cuando la cuitada Península presente varios focos de infección y la resistencia orgánica se derrumbe, procederás al asalto brutal y definitivo

con las armas agudas de la traición, al frente de los muslimes de tu harka

gracias a un puñado de hombres ilustres : maestros universalmente queridos, admirados y respetados : zahorís y espeleólogos de los veneros, vetas y hontanares ocultos de vuestra alma : investigadores de milenarias esencias, espulgadores de remotos linajes : varones preclaros, de ejemplar conducta cívica : teóricos de la razón vital, adelantados y precursores de Heidegger : defensores de la noble civilización en lucha contra la barbarie : españolizadores de Europa, europeizadores de España : coetáneos de Proust e introductores de D'Annunzio y Maeterlinck : peregrinos al sepulcro de don Quijote, exegetas del viejo romancero : adalides del feroz particularismo ibero, del destino hispánico singular y privilegiado : denunciantes de intereses creados, creadores de intereses nuevos : grupo sin par de estilistas, orfebres y artífices del lenguaje : dueños de un bagaje cultural de modernidad intachable, arropado siempre en formas distinguidas, enjundiosas : autores de deleitables ensayos, impulsores de la erudición histórica, oráculos sutiles del Espíritu en los círculos quintaesenciados y elegantes : heraldos de ciencias arcanas y no accesibles a los profanos que convenía traer al buen pueblo para socorrer su penuria intelectual y asegurar de paso el consumo normal de todo el siglo académico : patriotas hoscos, severos, adustos, inexorables : guardianes celosos de la verdad, embaulada por ellos en una nueva y patentada Arca de la Alianza : elevados a pedestales y estatuas, ceñidos de rectorales togas, coronados de esbeltos laureles : paladines del Cid, de Séneca, de Platero : del españolísimo vínculo existente entre el estoicismo y la tauromaquia : campeones de la evidente concatenación del gene, prueba de la perduración secular de ciertos caracteres étnicos imborrables : del espíritu atraído por sus raíces a lo eterno de la casta : de vuestra indudable filiación con Túbal, hijo de Jafet y nieto de Noé : de esa línea guadianesca y soterraña que va de Sagunto y Numancia a la epopeya del Alcázar de Toledo : restauradores de la continuidad celtibérica, visigótica y várdula : floresta de esclarecidos andariegos de llanuras, de cumbres y de valles : carpetovetónicamente opuestos al time is money, al sentido común, a la apestosa lógica : enemigos viscerales del Baedeker y el

139

sleeping-car, de la almohada y el baño : del ferrocarril, del waterclóset, del teléfono : enrolados bajo el
lema aristócrata de fidelidad a las élites : de alma
dermato-esquelética, crustácea, con la osamenta por
de fuera y, dentro, la carne, ósea también : a ese puñado de taumaturgos impregnados de fina sensibilidad
artística y hondo absolutismo conceptual : de un entrañable recelo platónico frente a la idea de la demo-
cracia : gracias a ellos y a sus frondosos epígonos, mo-
nopolistas y banqueros de la recia prosa de hoy,
podrás identificar y recorrer el paisaje de la fatal Península, inmortalizado gloriosamente en sus páginas

sigilosamente atraviesas esa Castilla árida y seca, re-
quemada por el sol en verano, azotada en invierno por
las ventiscas : acechas el campo recogido y absorto, los
chopos del río, la primavera tarda : cerros pelados,
olmos sonoros, álamos altos, lentas encinas
suenan, se desgranan una a una, las campanas del
Ángelus : concierto de badajos en medio del silencio
antiguo y solemne : dulce correr de los días iguales
: repetición, sustancia de la dicha : costumbre santa
es mediodía : el paisaje está velado por la calina que
se levanta del suelo : todo se ve confuso y borroso
: los colores apenas brillan
tierra enjuta y desnuda donde la gea domina a la flora
y la fauna : límpido cielo azul, vastas llanuras, lomas
resquebrajadas y rojizas : desolación, sed del alma, rebaños trashumantes, inmóvil ruta
el camino se extiende inacabable ante la mirada : be-

rrocales abruptos : sierras calvas : chopos enhiestos
: procesión monótona y grave de pardas encinas, de
verde severo y perenne

pueblos sencillos y humildes, embebidos de vieja historia : una plaza de arquillos, un anciano sentado ante
una puerta, palacios con escudos de cien linajes hidal-
gos, celosías de un convento de monjas, pasos ingrá-
vidos en una calleja

ruinas del castillo de la Mota : una paloma en la
espadaña : notas pausadas del reloj de la catedral,
campanas de la Audiencia de Soria

caminas : cruzas el Tormes : puente de la Segoviana
: la estepa del alto Duero : aceñas de Zamora : Salas
de los Infantes : murallas grises de Olmedo

te detienes a contemplar los álamos del ribazo : cae
el viento entre los encinares : el agua mana profunda,
subterránea : atardece y la luz otoñal y tendida da al
yermo y riscoso paisaje entonaciones anacoréticas

se oye a lo lejos el melancólico sonar de las esquilas
: un zagalejo canta : junto a ti, las abejas, la ermita,
el tajo sobre el río, el sempiterno rodar del agua entre
las hondas peñas

emboscado en un sotillo, a la vera de un rústico sendero, abarcas por última vez los elementos vectoriales,
ordenancistas del inmoble paisaje : una cigüeña está-
tica, un olmo escueto, una encina casta, alguno que
otro arbusto mezquino y atormentado : una viejuca,
cabalgando un borrico, pasa y te da las buenas tardes:
tu feroz carcajada se pierde en el silencio conventual
del crepúsculo

mucha encina hay, Julián! : demasiado chopo, de-

masiado álamo! : qué hacer de esa llanura inmunda?
: tanta aridez y campaneo sublevan : vete : abandona
de una vez los caminos trillados : el sitio apesta : pue-
den seguir las cosas así? : paciencia, paciencia aún
veamos la forma de remediarlo

galopa, macho, galopa, y no desmayes, predilecto de
Dios e hijo del Trueno, sobre tu albo y dioscúrico
caballo, descendiendo por el aer a una grant pressura,
Yago Matamoros, con la inefable seña blanca et la
grand espada reluzient en la mano, azote y baldón de
la muslemía en la vasta piel del toro, tal cual, ecuestre
y armado de recia tizona, figuras en el tímpano de la
basílica a ti consagrada, cita secular de millares y
millares de peregrinos que, a lo largo de la nebulosa
Vía Láctea, acuden con sus abarcas y armaduras, vene-
ras y cayados, la plus ancienne route touristique du
monde, messieurs-dames, avec ses paysages et ses sites,
ses ressources hôtelières et ses specialités gastronomi-
ques dont la célèbre Coquille Saint Jacques, le tout
à des prix imbattables, galopando por tierra y por
aire hasta la otra orilla del mar a fin de prestar
mano fuerte a Cortés y, al frente de los de Cholula,
Tezcuco y Tascala, hacer gran degollina de indígenas,
embistiéndoles a bocados y coces para que se funden
en México tres Audiencias reales con once obispados
y haya Colegio Universal de Artes y Estudios donde
se den grados de licenciado y de doctor y existan
maestros de imprimir libros en latín y romance y los
indios sepan trabajar el hierro a martillo y lima y

aprendan a tejer seda, tafetán y raso y lleguen a hacer obras de talla emulando con Berruguete y Micael Angel, volando y volando, alígero y raudo, por el cielo de los innúmeros campos de batalla, trazando vistosas espirales cíclicas entre los coros angélicos que cantan antífonas y los humillados carpetos que mesiánicamente acechan el favor de tus dádivas, los carpetos, ay, los carpetos, la raza comedora de garbanzos, apelmazados y pétreos, somnolientos, amodorrados, los carpetos, ay, hostiles al progreso y la técnica, martillo de herejes, vivan las caenas, los eternos cruzados (el área seleccionada para la metamorfosis y des-caracterización histórica ha sido ciudadosamente reconocida : llevas contigo los planos topográficos y una tabla indicadora del tiempo : en pocas palabras : el área designada, el Área H, se extiende desde las pendientes nor-occidentales del Moncayo hacia el Guadarrama, Gredos y la sierra Cabrera : comprende zonas de páramo cubierto de berruecos, llanuras áridas, ríos concisos y sobrios : las campanas tañen el Ángelus y oscuros pensamientos de eternidad parecen brotar de la tierra : para los equipos de fumigación y de tala los puntos de aterrizaje serán marcados por balizas de color azul : en el centro de esta área se montará una emisora de Radio Decca para el envío de helicópteros suplementarios : el equipo que transporte las especies vegetales adecuadas a las nuevas condiciones climatológicas volará a diez mil pies de altura y a una velocidad de trescientas millas : calculando el peso de cada cargamento, se necesitarán paracaídas simultáneos y, como el terreno es áspero, habrá que empaquetarlos

con esponja : los paracaídas y cajas deberán cubrirse
con alguna sustancia fosforescente para facilitar el rescate : los helicópteros escucharán en dieciocho mega-
ciclos : algo por aclarar?

nada

los harkis han ajustado sus blancos turbantes y saltan impetuosamente sobre las sillas de sus corceles, que
relinchan de brío y placer, como si hubieran olfateado
la sangre)

galopa, sí, galopa al frente de la grey gesticulante y
palabrera, guerrero invicto, apóstol del garbanzo : tu
patrocinio esbelto no conjura nada : los carpetos se
sobreviven vacuos e inútiles : esgrimidores sin espada,
agitan sus brazos y sus palabras con la misma vehe-
mencia de quien cruza su acero con el de un adversario
ya inexistente : el garbanzo ha inmovilizado sus men-
tes y su sustancia flatulenta sustenta su antigua y natural sinrazón : galopa, sí, galopa, por el fúnebre y estólido páramo : un enemigo más fuerte que tú cela prudentemente sus pasos : cauteloso, sagaz, escurre y serpentea por la piedra, culebra astuta, arma poderosa de
Julián : su cabeza triangular y aplastada oscila conforme a una modulación hipnótica, sus ojillos agudos, de
transparentes párpados, vigilan, tenaces, como cabezas
de alfiler : galopa, sí, galopa, coreado por las voces de
la multitud agarbanzada : abajo la inteligencia, que
inventen ellos, lejos de nosotros la peligrosa novedad
de discurrir! : en tanto que la sierpe fanbrienta se
apercibe al ataque, presta a enderezarse y caer sobre
la presa y a inyectar en ella el líquido mortífero que,
diseminándose poco a poco por el cuerpo, ocasionará

irremediablemente la muerte : erguida en vertical sobre un anillo plano mientras se levanta e sube de suso
del vientre e impulsa la cabeza hacia adelante : recia,
imperiosa, tenaz : dragón vencido, no : maligna vence-
dora reptante : condensada virtud de ruda vitalidad
arábiga : galopa, sí, galopa, por el precario, abolido
paisaje, hijo de Júpiter, heraldo celestial : tu nívea y
fulgurante aparición no obra ya prodigio alguno : tu
suerte está echada : galopa, sí, hacia el brumoso mito
de donde inoportunamente surgiste : galopa, galopa y
déjanos en paz

minuciosamente, procederás a la eliminación del funesto paisaje
la intensa y metódica acción de los guerreros de tu
harka acarreará en primer lugar la muerte inmediata
de su flora típica
abajo, olmos sonoros, castos álamos, encinas
lentas y graves! : vuestra aureola mística palidece : las hojas amarillean de súbito, una
secreta y vergonzosa enfermedad os envenena
la savia : vuestro cuerpo desnudo se inclina,
se desgaja, se abate : sois esqueletos vegetales,
leños carbonizados, tristes residuos condenados a la combustión y a la turba : no esperéis
de mí una elegía : vuestra ruina me exalta : que
los bardos de la estepa os prodiguen sus versos
llorosos : tu corazón ignora la piedad : la
carcajada será tu respuesta : cansado de tron-
char ramas y rebanar troncos, verterás tu rubio

145

y fluido desdén sobre sus mutilados cadáveres
huyendo del vegetal desastre, por caminos y rústicos
senderejos, merodearás en torno de los poblados y harás enmudecer sus campanas

fuera de ahí, tañidos, redobles, Ángelus de
aldea, señuelos espurios de la imortalidad
del alma! : vuestro necio badajear embrutece :
la hora justiciera ha sonado : gracias a tu rayo
magnético la espadaña de la iglesia se derrum-
bará, sembrando entre sus ruinas la desolación
y la muerte : cigüeñas y vencejos perecerán :
las viejucas sentadas al sol con las sayas a la
cabeza serán aplastadas : adiós, campanas viles
: con vuestro inocuo metal acuñaré mi moneda : el martillo batirá en bronce memoria de tu
visita : testigo será por los siglos de tu ven-
ganza

sobre la monótona horizontalidad del llano y su escueta nitidez orgánica amontonarás masas de nubes que
convulsionarán bruscamente el clima

adiós, paisajes áridos, páramos infecundos,
planicies sedientas! : los efluvios éticos han cesado : vuestra desnudez dejará de alimentar la
obscena metafísica : cúmulos, nimbos, cirros,
estratos velarán para siempre el cielo : la naturaleza devendrá lluviosa : barbechos y ras-
trojos verdearán : cereales, hortalizas, legum-
bres tapizarán el fértil llano : una laberíntica
red de canales impulsará la burlesca transformación : los polders reemplazarán el yermo :
sobre un fondo aguanoso y húmedo, las vacas

pacerán entre los tulipanes
los cerros pedregosos, los mogotes de roca, los berruecos de vuestro mineralizado universo sin agua sufrirán
los galopantes efectos de la agresión química y se
integrarán a su vez, en un plazo muy breve, en el
nórdico paisaje fabril e industrioso
abajo, montes calcáreos, sierras escuetas y adus-
tas, Meseta infecta! : los esquistos se cubrirán
de nuevas especies vegetales, de prados rientes
y amenos : el pardo será verde : el blanco será
verde : el amarillo y gris serán verdes : el
agua manará de todas partes : ciénagas, este-
ros, lagunas y charcas aplacarán la nauseabun-
da sed espiritual del poeta : que se atragante
: que se asfixie : que se ahogue : que su
estómago críe ranas : que su alma germine
sapos : que su grotesco cuerpo flote y sea
pasto de las sanguijuelas
de vuelta a tus predios te cruzarás con una vieja mon-
tada sobre un humilde asno y la acometerás sin motivo, con severa y exigente crueldad
el animal es pequeño, peludo, suave y camina
resollando como si viniera de muy lejos : con
una mano le darás de comer mientras que,
con la otra, empuñas el afilado cuchillo y se
lo hundes con lentitud en la garganta : la
sangre brotará morada y espesa : sus ojos de
azabache implorarán como dos escarabajos
de cristal negro : golpearás por segunda vez,
ahora en el abdomen, y la masa intestinal escurrirá como una serpentina irrisoria : la vie-

147

jita tratará de interponerse y correrá la misma suerte : sus vísceras son finas y rosadas, como cintas de envolver regalos de Navidad : una niña las cortará con sus tijeras y jugará con ellas a saltar la comba : el borrico y la vieja morirán : la niña terminará rabiosa

recreador del mundo, dios fatigado, el séptimo día descansarás

dan en Madrid, por los fines de julio, las once de la noche en punto en el reloj de la Puerta de Sol : el Prado boquea coches en la última jornada de su paseo y, en Chicote, el popularísimo filósofo Séneca recibe el agasajo postinero de la crema de la intelectualidad cuando el robusto Tariq, asiéndote fuertemente del brazo, te lleva de un vuelo al aventajado mirador de Bab-el-Assa y, levantando lo hojaldrado a los techos de los edificios, descubre de golpe la carne del paste-lón de la ciudad y toda su humana variedad de saban-dijas racionales

modernos jefes de empresa postrados de hinojos ante un deificado ejemplar de IBM, antiguos cruzados aque-jados de obesidad y artritismo, empedernidos burócra-tas enfrascados en la lectura del Boletín Oficial : horte-ras investidos de televisor y automóvil, hinchas del fútbol, aficionados taurinos : exploradores domingue-ros de la Sierra, obreros y pobres amaestrados, yeyés y admiradores del célebre Raphael

siguiendo la dirección de su mano distinguirás viejos que se sobreviven y jóvenes que se sobremueren : ma-

sas de cadáveres que caminan y urbanamente acatan
las señales de tráfico : mujeres de toda laya que,
rehusando el lechuguino concepto, invocan en sueños
la arábiga sierpe y su lento, caudaloso festín
en diversos puntos de la destechada ciudad, niños y
adolescentes aprenden con ahinco los principios de
la filosofía estoica, los coros y jerarquías angélicos, las
hazañas de Isabel la Católica, las virtudes de vuestro
Sindicato Vertical
en cafés y tertulias, cotarros y peñas los literatos man-
tienen viva la llama de la fulgente antorcha genera-
cional : hijos, nietos, bisnietos, tataranietos del 98,
bardos de la inamovible flora esteparia, de la hispánica
esencia a prueba de milenios : estatuas todavía sin
pedestal, pero ya con la mímica y el desplante tauró-
macos, con el genio y figura austeros del senequismo
: ascendiendo pacientemente por el laurífero escalafón,
vertiendo a raudales su simpático don de gentes : si
me citas te cito, si me alabas te alabo, si me lees te
leo : original y castizo sistema crítico fundado en la
tribal, primitiva economía de trueque! : poetas, na-
rradores, dramaturgos al acecho del planetario premio,
de alcaponesca beca! : trenzándose, entre tanto, unos
a otros, floridas guirnaldas, prodigándose henchidos
elogios, redactando sonoros panegíricos: fuera de tono, inauténticos siempre excepto cuando recíproca,
airadamente se combaten : vieja retenida saña que
generosamente se derrama sobre el outlaw y el ausente! : inmortal mala leche española, única realidad
vuestra!
a media legua de distancia, los escrupulosos represen-

tantes del gremio de la información dejan correr
libremente la pluma y golpean con inspirada furia las
teclas de sus máquinas de escribir

"Despuntaban por las cristalinas esferas los
"flamígeros caballos de Febo cuando, desperta-
"do por canoras aves, el filósofo Séneca..."

"Quienes tuvimos la fortuna de acompañar a
"nuestro Séneca durante las ceremonias de
"inauguración de la XVIII Exposición Inter-
"nacional de Crisantemos fuimos testigos de un
"hecho cuya emotiva intensidad roza las alturas
"de lo sublime : destacándose de la doble fila
"de admiradores, una preciosa niña de tres años
"se precipitó al encuentro del filósofo y, con
"una gentil reverencia, le ofreció un primoroso
"ramo de flores que..."

"A las 11 horas 17 minutos de la mañana de
"hoy, el gran Séneca abrió de par en par la ven-
"tana de su gabinete de trabajo y, acodado me-
"ditativamente en el antepecho, silbó con ini-
"gualable maestría los primeros compases de
"la marcha de "El puente sobre el río Kwai"
"en medio de los aplausos de los estoicos que,
"como de costumbre, aguardaban su aparición
"para ..."

en un vasto y lujoso local de los nuevos Ministerios, un
estrellado y bizarro discípulo del doctor Sagredo ex-
plica al respetable allí congregado que jamás en la
historia de la humanidad se ha dado ejemplo tan hermoso de estoicismo perseverante como el que ofrece
la interminable falange de sangradores impertérritos

que durante siglos y siglos se han encargado de aligerar el aparato circulatorio de los carpetos, enviando muchos a la fosa, es cierto, pero purgando a los demás de sus excesos sanguíneos, a fin de que puedan vivir en relativa paz y calma, y propone un homenaje nacional al sangrador máximo, vuestro inmoble, secular, pedernoso filósofo Séneca

en los confortables salones del ultradinámico Club Index, el culto y honrado director de extremeño acento y paradigmático bigotillo alfonsino diserta con inteligencia y amenidad sobre las esencias hispánicas del garbanzo : base de vuestro edificio social, de vuestro gregario y gregal instinto : allí donde el francés dice cherchez la femme, el carpeto dirá cherchez le pois chiche : buscarse el garbanzo, el garbanceo, el garbancillo : nada de huecos pastelones ni pomposas frituras : artificiosidad europea que los ojos halaga y el apetito burla : el sobrio, escueto, severo, compacto garbanzo nacional : epicentro y motor de vuestras gloriosas empresas flamencas, italianas y ultramarinas : forja de recios y adustos hombres : de dulces efluvios sedantes y espiritual nervadura : vuestra patria ha sido, es y será un garbanzal : y vuestro símbolo, héroe de honda raigambre ibera, de añeja, ranciosa cepa senequista, Garbanzote de la Mancha

al fin, cansado de atalayar como tú desde el inmejorable descubridero de la Alcazaba, tu Diablo Cojuelo pegará lo hojaldrado con engrudo y dejará pudrir otra vez la carne del pastelón de la ciudad y su densa y agitada variedad de racionales sabandijas

ásperas selvas son sus dos bigotes, en las cuales un
potro se perdiera : tanto más tú, que a pie y sin prisa,
vagas, sueñas, caminas, tientas, exploras : adentrándote audazmente en la híspida e inculta maleza : parásito
feliz del erizado bosque : como ayer, como mañana,
como todos los días : en la densa frondosidad que tus
paisanos ignoran : ruda vegetación de enhiestos tallos,
de implicantes bejucos : flora escabrosa y salvaje,
agrestes matorrales, zarzas, greñas : demorándote en
ella sin temor a asfixiarte : sin impedimento ni rubor
alguno : marañas y vedijas te pertenecen : las gustarás,
pues, y buscarás refugio en su difícil espesura hirsuta
: dulces, acogedores montes donde quisieras descansar
para siempre! : como Mowglie, sí : lejos de la afeitada
civilización hispana : en la vellosa, intrincada jungla
poblada de fieras : fauna ágil y esbelta, cautelosa,
flexible! : colmillos agudos, músculos lisos, zarpas
suaves : prosa anárquica y bárbara, lejos de vuestro
estilo peinado, de vuestra anémica, relamida escritura!
: y, abriéndote paso entre la manigua, inaugurarás caminos y atajos, inventarás senderos y trochas, en abrupta
ruptura con la oficial sintaxis y su secuela de dogmas
y entredichos : hereje, cismático, renegado, apóstata
: violando edictos y normas, probando el sabroso fruto
prohibido : recia y rugosa selva de Tariq, negra barba
cerrada, fúlgida, deslumbrante sonrisa! : bravío, mon-
taraz paisaje en el que deleitosamente te extravías y
emboscas : ocioso y despreocupado de ordinario : inquieto hoy de la cercana presencia de un homínido que,

en la pelambre crespa, canturrea con descuido un aire
de danza de "Las Sílfides" de Chopin : de puntillas
te aproximarás a él y descubrirás, acuclillado, un filósofo con catadura de gitano viejo, envuelto en inmaculada toga y con la frente ceñida de una corona de
laurel : la duda ofende : es Séneca! : severo y enjuto,
solemne, tal y como figura en vuestro museo de Madrid : absorto ahora, en industria trabajosa y lenta, en
expansión común e inferior : tarareando, entre tanto, el
celestial motivo como oportuno anticlímax : forzando
el tono en la plausible apoteosis del esfuerzo hasta el
instante en que, al ladear la cabeza, descubre tu vecindad indiscreta y, desde su humilde y acongojada
postura, advierte
eh, que estoy aquí!
y aunque tú balbuceas excusas y le das púdicamente la
espalda, escucharás todavía, en sordina, sus imprecisas,
neutras, sucesivas emisiones vocales : de satisfacción
o de angustia : posiblemente de ambas cosas a un
tiempo : tras una corta pausa durante la cual no podrás evitar la tentación de espiarle, el encogido filósofo exhala un blando suspiro y, con la togada dignidad
a salvo, se inclinará a contemplar amorosamente su
obra, el tierno fruto de sus entrañas : celada a tu vista
por arborescentes matojos, pero cumplida y suficiente
para él pues, abandonándola a su fecundadora suerte,
se incorporará penosamente no sin antes cubrirla de
rústica foliación vegetal : luego, se encarará estoica-
mente contigo y forzará una sonrisa grave y atormentada
aunque filósofo, estoy sometido a imperiosas necesida-

des naturales, sabe usted? : también lo estuvieron san
Agustín y los antiguos Padres de la Iglesia : incluso el
angélico Tomás de Aquino! : una piadosa leyenda ase-
gura que en tal situación compuso sus más elevadas
obras

Séneca esboza un ademán de disculpa y, como tú callas,
prosigue su discurso con énfasis

yo mismo, en trance semejante, he redactado alguna de
mis mejores epístolas a Lucilio : en particular aquella
tan famosa sobre los deseos inmoderados, la recuerda
usted?

no, no la recuerdas

es lástima, dice él : en ella pulverizo las tesis de Freud,
Marx y Federico Nietzsche : por cierto, sabía usted
que este último era sifilítico?

no, no lo sabías

bueno, pues ya te enteras : de tercer grado nada menos
: chancro lingual, con ramificaciones en los huesos y
los intestinos : incurable, chaval : sus íntimos dicen
que se mordía los puños y se daba de cabeza contra
las paredes : su triste final me inspiró la oda por la
que fui elegido miembro correspondiente de la Real
Academia y que me valió, además, un premio de la
fundación Al Capone : sabes cuánto, nene?

no!

pues agarráte : medio millón de pesetejas! : lo que,
aun después de la última devaluación, no es moco de
pavo : y el prestigio y la popularidá : televisión,
Nodo y toa la pesca! : y las chavalas así así : que se me
comían vivo : casadas, solteras y hasta vírgenes! :
ná, ·que tuve que tomar reconstituyentes, no te digo

más! : había, sobre tó, una rubita, con unos pechines
así, que no me dejaba a sol ni a sombra : encaprichá
con mi menda una cosa mala : loca, loca de atar : si
tenía que separarme un minuto de ella, deliraba : me
besaba en la boca y me mordía : te lo juro, majo :
que partía el alma : mira : aquí tengo su foto
el hombre echa mano a una sobada cartera de piel y
saca de ella el retrato en color de una muchacha en
minifalda y con una blusa ceñida y leve que permite
adivinar, al trasluz, la finura y esbeltez de sus senos
se la saqué yo mismo al pie de la turefél : dieciocho
añines y, en la cama, una fiera : francesa ella, y eso
sí : limpia y educá : si quiés medirle el aceite, te la
presento : casualmente, vive cerca de aquí : veinticinco
dirhames por un rato, cincuenta toa la noche : vienes,
macho?
no, no te decides y, en vista de ello, él te agarra de
la manga e insiste con voz apremiante al tiempo que
saca nuevas fotos de la cartera y las despliega ante ti
en abanico : una baraja de naipes con mujeres somera-
mente vestidas retratadas, en seductoras posturas, sobre un aterciopelado canapé rojo
si la francesa no te gusta, tengo también una españolita : un verdadero terremoto! : la morena ésta : veinte
abriles y uno de esos temperamentos que, bueno, mejor me callo : treinta duro ná más : precio de amigo
tú sigues abriéndote camino a través de la greña silvestre y él corre detrás de ti, porfía, suplica, intenta
cortarte el paso
hebrea?
marroquina?

petite fille?
fraulein to fuck?
allora, ragazzino innocente?

sin daros cuenta habéis llegado al límite extremo de
la selva : a la punta del mancuernado bigote : la ruda
mejilla de Tariq se dilata para exhalar al humo de la
pipa y, más liviano que tú, el alcahuete sale despedido
de golpe y aterriza en el suelo del tangerino café junto
a un montón de colillas : la toga y el lauro han volado
con él y su aspecto, ahora, es mísero y lamentable:
sus movimientos secos, tajantes parecen obedecer a
una doble y opuesta incitación : sobriedad, esquematismo y, simultáneamente, gesticulación, despilfarro :
con su bonete mugriento, sus zapatos rotos, su chaqueta de espantapájaros mira fijamente el vacío, integrado
como un elemento más en la decoración y sin atraer la
atención de nadie : cuando, por la dirección de tu mirada, uno de los fumadores de la mesa vecina reparará
en él, el desenlace se precipitará de manera brusca : sin
proemio ni explicación alguna el hombre salvará de
un tranco la distancia que los separa : su tosca sombra
gigante se cernerá unos instantes sobre el exiguo truhán
y sin violencia ni odio : no, aséptica, cuidadosamente
lo chafará, sí, lo aplastará bajo el peso de su babucha

en la vieja e inhóspita biblioteca que diariamente visitas has comprobado pacientemente los abusos del verbo : cuánta proliferación cancerosa e inútil, cuánta ex-
crecencia parasitaria y rastrera! : palabras, moldes va-
cíos, recipientes sonoros y huecos : qué microbio os

156

secó la pulpa y la apuró hasta la cáscara? : vuestra aparente salud es un grosero espejismo : el agitado trasegar de los siglos ha disipado vuestra fortaleza : la luz que os aureola no existe : el astro que la emitía murió hace diez mil años : hay que extender vuestro certificado de defunción : el servilismo y docilidad de que dais muestra acreditan la tesis de vuestra infamia : sois alcahuetas taimadas, honorables rameras, dispuestas siempre a venderse al último y más sucio postor : la simonía es vuestro ganapán : voraces, tentaculares, madrepóricas, crecéis y os multiplicáis sobre el papel ahogando la verdad bajo la máscara : hasta cuándo durará vuestra tiranía? : los sentimientos nobles que pretendéis servir pudren en el albañal de la historia : églogas, odas patrióticas, sonetos de quintaesenciada religiosidad! : amor, a la basura : patria, a la basura : dioses y reyes, a la basura : que los puercos hocen y se revuelquen en la cloaca apestosa : el mar rebosa de inmundos cadáveres : abandona los libros al polvo : poemas, eructos espirituales, borborigmos anímicos : cuánto Parnaso en saldo y Academia en venta! : abajo florilegios, florestas, florones, floriculturas, floripondios! : ha llegado la hora de limpiar la cizaña : el verbo ha muerto y la embriaguez de la acción te solicita : recuérdalo, Ulbán : la violencia es muda : para pillar, destruir, violar, traicionar no necesitarás las palabras

antes de proseguir la sangrienta razzia consultarás por última vez los libros alineados en los estantes, buscan-

do la definición y el decálogo del perfecto caballero
cristiano

"El caballero cristiano es esencialmente un
"paladín defensor de una causa, deshacedor
"de entuertos e injusticias, que va por el mun-
"do sometiendo toda realidad al imperativo
"de unos valores supremos, absolutos, incondi-
"cionales.

"El caballero cristiano es valeroso, intrépido.
"No siente miedo más que ante Dios y ante
"sí mismo. Su vida avanza con rumbo fijo,
"neto y claro, sostenido por una tranquila
"certidumbre y seguridad, por un ánimo im-
"pávido y sereno.

"El caballero cristiano, porque es cristiano y
"porque es caballero, concibe la muerte como
"una aurora y no como un ocaso; lejos de
"temerla, la aceptará con alegría porque ve
"en ella el ingreso a la vida eterna.

"El caballero cristiano siente en su alma un
"anhelo tan ardoroso de eternidad que no
"puede esperar siquiera el término de la breve
"vida humana. A diferencia de otras almas
"que aspiran a lo infinito por el lento camino de
"lo finito, el caballero cristiano aspira a colo-
"carse de un salto en el seno mismo de la divina
"esencia."

desde los polvorientos estantes de la biblioteca cuatro
siglos de castellana podredumbre te contemplan : el
libro se te cae de las manos y lo devuelves, mosquea-
do, al limbo de donde inoportunamente lo sacaste : es

la hora de cerrar : el portero da cuerda al reloj y, mirándote oblicuo, ahoga un cavernoso bostezo
apúrate Bulián : necesario será que conozcas a tan descomunal caballero

por las callejas de alguna muerta ciudad de señores ennoblecida para siempre en la escritura grave, reposada, purísima de este esclarecido grupo de taumaturgos y profetas milagrosamente surgido en vuestra tierra allá en los confines del año de gracia de 1898, hallarás fácilmente el domicilio del perfecto caballero cristiano y conversarás espaciosamente con él : una casa de piedra conventual, con el zaguán oxidado de orines y un alero de vencejos que, en el giro de las migraciones, proclama su santa alegría de vivir fuera de la historia
por el macizo portón entrarás en la cocina campesina de ennegrecida campana, en cuyo vuelo reposa, sobre el rojo fogaril, un vasar con sus humildes trebejos : la habitación recibe la luz de un pequeño balcón : después de calentarte las manos entumecidas por el frío, pasarás al aposento contiguo : un cuartito con recia estera de esparto crudo, con un tablado para la cama, la mesilla de noche con su crucifijo y un arcaz sólido, del tiempo de los Trastamara : en una adusta silla de anea, un hombre de sosegada apariencia lee versos de Calderón y del Fénix : su rostro, severo y enjuto, refleja la grandeza solemne de estos paisajes áridos : pero se adivina la frescura soterrada del agua en el cogollo de su corazón rocoso

don Álvaro Peranzules te recibirá con el orgullo proverbial de los de su casta : la altiva mirada pregona su clara ascendencia visigótica, sus cuatro dedos de enjundia de cristiano viejo rancioso por los cuatro costados de su linaje : genio y figura hasta la sepultura, te dice : cuanto más genio, más figura! : cuanto más figura, más genio! : y tú admiras, en medio de la carpetovetónica fauna de figurillas, figuretes, figurones, su Figura impermeable y hermética, condensación sublimada y excelsa del genio y figura de la raza : figura no, máscara : máscara ejemplar entre la adocenada multitud de mascarillas, de mascaretas : máscara por excelencia en el vasto plantel de enmascarados figurines, figuretes, figurones : máscara no, mascarón de proa forjado por lentos siglos de rictus estereotipado, inmóvil : gran mascarón, cara al viento, en lo alto del tajamar, bajo el bauprés, oteando, con la inmutabilidad de una estatua, la existencia informe, mostrenca, de los homínidos desprovistos de máscara, de la masa desvertebrada y anónima, sin coturno, sin rictus pontificio, sin clámide purpúrea, sin chinelas argénteas : mascarón a todas las horas del día y de la noche, genio y figura conservados en alcohol de 90º, don Álvaro se mueve trabajosamente, haciendo crujir las distintas piezas de su armadura ósea, mezcla híbrida de mamífero y guerrero medieval : su cabeza, casco : su frente, visera : su pecho, coraza : sus antebrazos, manoplas : su cintura, escarcela : sus pies, escarpes : fundido con su máscara, incrustado en su armadura y en estrecha simbiosis con ella, sus gestos y ademanes tienen la rigidez de un robot : por momentos la dureza

160

de su costra evoca el caparazón de los cangrejos : a
veces, la pose hierática y la elegancia del vestido lo
asocian a un maniquí de madera, modelo de confec-
ción : don Álvaro luce para ti, con empaque, el genic
propio de su figura y la figura propia de su genio y,
bruscamente, endurece aún los rasgos petrificados de
su mascarón y recita con voz pedregosa un soneto
crustáceo, de morfología ósea y sintaxis calcárea, ex-
traído de algún florilegio de fósiles, alineado en los
estantes de la biblioteca del bulevar

Luzco del mundo en la gentil pavana,
sobre el recio tahalí de mi tizona,
una cruz escarlata que pregona
mi abolengo de estirpe castellana.

Llevo en los hombros ferreruelo grana,
guío el mostacho a usanza borgoñona,
y mi blanca gorguera se almidona
bajo mi crespa cabellera cana.

Tengo cien lanzas combatiendo en Flandes,
mil siervos en las faldas de los Andes,
calderas y pendón, horca y cuchillo,
un condado en la tierra montañesa,
un fraile confesor de la condesa,
cien lebreles, diez pajes y un castillo.

qué altura de miras! : qué nobleza de sentimientos!
: qué patriotismo acendrado! : entre sonrisas y murmullos complacidos recorres el condado de la tierra
montañesa con los pajes, los lebreles, el fraile : don
Álvaro te habla de los futuros Polos de Promoción y
del mirífico Plan de Desarrollo y, a través de la red de
emisoras de la región, anuncia un aumento anual de la

renta per capita del orden del 3'82 por ciento : niños tejedores vestidos con diminutas chilabas hilan la tela de araña que inevitablemente les apresará : una rifeña velada, amordazada casi por el pañuelo, pide auxilio sin voz y el fraile la confiesa : os aproximáis a la residencia veraniega de don Álvaro : castillo de gran buque con torreones de mampostería y atalayas con almenas : en sus lienzos se abren airosas fenestras de arcos conopiales, ajimeces y ojivas de las postrimerías góticas : tu anfitrión recita ahora el "Dos de Mayo!" y la relación de participios dobles, según figura en la última edición de la gramática de la Real Academia : con las gafas caladas y una reglilla en la mano te interroga acerca de las epéntesis y perífrasis verbales : los ceros se acumulan, millonarios, en el grueso cuaderno escolar : españolismo de Séneca : quijotismo del Cid : senequismo de Manolete : otra vez en paisaje enjuto y seco, profundamente rural, íntimamente aldeano : los viejos olmos, las grises peñas, las mulas pardas : las campanas de aldea piadosas, madrugadoras, sencillas de esta Castilla mística y guerrera, Castilla gentil, humilde y brava : tierra serena y reposada, grave sueño de piedra : el caballero, embriagado declama "A cuatro leguas de Pinto y a cinco de Marmolejo" mientras los perros acometen a los descontentos y el fraile bendice los cadáveres : estás junto a los aposentos de la hija de don Álvaro y, aprovechando un instante de distracción, te ocultarás tras la cortina : Isabel la Católica es de mediana estatura, bien compuesta en su persona y en la proporción de sus miembros, muy blanca y rubia, los ojos entre verdes y

162

azules, el mirar gracioso y honesto : es generosa, expansiva, justiciera, alegre : busca los principios superiores de la vida en los libros, en la conversación con
los doctos : oye misa diariamente, cumple con las
horas canónicas : aprende latín para orar y lo domina
como un consumado humanista : su padre le ha enseñado el amor a Dios : a tener honor y ser esclava
de la palabra : a amparar al desvalido : a ser grave y
veraz, casta, continente : a rezar el Ángelus tres veces
al día y a venerar a san Millán y Santiago, dos santos
a caballo, heraldos del imperativo poético de Castilla
y de su acrisolada voluntad de Imperio
don Álvaro departe aún sobre la historia patria y el
régimen de las preposiciones y, tras la venturosa cortina, acechas la áctitud de su hija, decidido a pasar a
la acción : las luces de su aposento desmayan paulatinamente y, al extinguirse del todo, el cuerpo aperitivo de la doncella se sume en una codiciosa oscuridad
: inopinadamente un túnel de luz lo rescata de la tiniebla : la muchacha, vestida de monja, reza devotamente
sus oraciones, besa el crucifijo colgado sobre la cabecera de su reclinatorio, desgrana las cuentas de un
rosario : altavoces sigilosos difunden en sordina un
hit-parade de los Rolling Stones : TIME IS ON MY
SIDE, acaso IT'S ALL OVER NOW : la monjita se incorpora
con un suspiro y, volviendo la espalda al respetable, descorre la mórbida cremallera de su hábito : al
punto, un pijama de seda negro emerge, suave, sobre
un fondo sonoro de gemidos, jadeos, pitidos de loco-
motora, burbujeo de champán : amarte, amarte, dueño
y señor mío, es mi delirio constante! : estoy enferma de

amor, pero no quiero curarme jamás! : femenina voz ardiente y pura, cristalina y exacta que dulcemente increpa a la imagen incómoda y en equilibrio precario, al parecer sin éxito alguno : ofreciéndole el cuerpo y el alma, la fortuna, la vida : mientras los Rolling Stones cantan y las ondas sonoras crecen y se multiplican, acuden, irrumpen, penetran, penetran : distraídamente las manos inocentes marcan el voluble compás del ritmo, los pies irreflexivos las imitan y siguen el diapasón : increíble : los movimientos de la doncella se acuerdan poco a poco con la cadencia histérica de la música! : sucesivamente desabrocha la chaquetilla de su pijama, se despoja del pantalón, intenta cubrir la desnudez con los brazos, gira y evoluciona por escena entre ademanes implorantes y sobresaltos de pudor : su ombligo resalta apetitoso en el bruñido vientre solariego, sus pechos se insinúan, bucólicos, bajo el auspicio de unos sostenes de encaje : ligas floridas, sujetas a las bragas, sustentan las medias de redecilla y, con una candorosa rotación de los dedos, se deshace de ellas y descubre la insólita perfección de sus piernas, suaves y bien torneadas : escuetas no, largas : abiertas en compás, rotundas, con muslos que convergen hacia el entrevisto tesoro como dos imperiosas señales de tráfico : dirección única, ley del embudo que la hispánica grey acata y sólo el traidor desdeña! : en tanto que índice y pulgar indagan liberaciones próximas y ya presentidas y el fondo sonoro modifica sus efectos conforme al juego espectral de la luz : asteroides y astros, planetas, constelaciones, estrellas! : cuando el encaje cae, los pechos brotan como una inesperada y jubilosa

proclamación primaveral : hosanna impetuoso, aleluya exultante que la muchacha recata con manos esbeltas al tiempo que, elástica y ágil, recorre la sala de un
extremo a otro como impulsada por la admiración que
suscita : sus labios murmuran jaculatorias y plegarias
ricas en privilegios y regalías, preferentemente si se
rezan durante un mes entero, añadiendo la confesión
sacramental, la visita a una iglesia y las preces por las
intenciones del Papa : momentos después, humillán-
dose, recoge un estuche en forma alargada y extrae de
él el látigo con que diariamente se castiga : la auto-
flagelación se operará con la reglamentada exactitud
de una ceremonia : a cada golpe, las exclamaciones
piadosas arrecian y, juntamente, la erección musical de
un ritmo negro que mana con fuerza y a sacudidas y
parece alcanzar el paroxismo mediante porfiadas contracciones musculares : avanzando desde la periferia
vulgar y común al epicentro del dogma : con lentos,
tenaces, dialécticos movimientos de rotación : sacacorchos o hélice : invocando masculina ayuda con labios
sedientos, convocando afluencia sanguínea con ojos
extraviados : dulce herida de amor, dardo cruel del
alma! : el crucifijo es a todas luces insuficiente : la
dilatación vascular y la filiforme secreción de tu sierpe
devienen intolerables : que el sumiso y resignado
carpeto se autocontente y magulle! : el ludimiento
manual no te basta! : cuando le arrebatas el látigo y
golpeas tú, el foco centrará su atención en el triángulo
de raso situado a la altura de los ijares y la voz amena
y convincente del locutor te invitará a ti y al público
ahí reunido a una inolvidable, instructiva excursión

165

por las honduras, recovecos y escondrijos del Bastión Teológico : por el interior del sancta sanctorum designado por vosotros antes de la invasión turística, el desarrollo y las bodas de plata del Ubicuo, como la Remota, Fantástica, jamás Explorada por Viajero Alguno Gruta Sagrada

señoras y señores
mesdames et messieurs
fair ladies and good gentlemen
el Antro que van ustedes a visitar es sin duda alguna una de las curiosidades históricas más típicas y pasmosas de nuestro privilegiado paisaje peninsular
sus implicaciones metafísicas
su configuración, moral
su espiritualidad rica y densa
hacen de él el punto de cita obligado de las Very Important Persons y justifican ampliamente el sacrificio económico y las inevitables molestias del largo viaje emprendido por ustedes desde las cinco partes de este confuso y desquiciado mundo moderno en que nos ha tocado vivir
concebido originalmente como baluarte estratégico y militar ha sabido resistir con tenacidad y sangre fría los asaltos y embates del enemigo más poderoso
ejércitos enteros se estrellaron contra su toledano alcázar y más de una invencible armada quebró su colosal fortaleza en el duro cantil de su indomable heroísmo
hoy

por obra y gracia de nuestra prudente adaptación a las
exigencias turísticas del momento
convenientemente provistos de las necesarias dispensas
y bulas
nos complacemos en desvelar a ustedes el fabuloso
secreto celosamente guardado durante siglos
a favorite excursion to Hercules' Caves where the
hero-god lived
un Espectáculo Emocionante
Sublime
Único
incluido en el circuito Europe-Tours
recomendado por el Diners' Club y el Royal Automo-
bile Club Belge
bendición especial de Su Santidad
travelers' check accepted here
reservado el derecho de admisión
pnnes. sans ref. s'abst.
los turistas bajan del autocar climatizado, insonorizado
y musicalizado y se congregan en torno del guía, en
el espacioso parque de vehículos habilitado frente a
la entrada de la Caverna
seis notables del Bronx
diez peleteros de Chicago
un gentleman-farmer de Texas
la Hija de la Revolución Americana
una delegación de espeleólogos
dos críticos musicales de vanguardia
una pareja de recién divorciados
cinco viudas de guerra
el guía apunta con el dedo hacia el vestíbulo de la

vagina e indica la estructura y funciones características
de cada uno de los órganos
monte de Venus
labios mayores
labios menores
orificio vaginal
clítoris
e himen
affiches redactados en diferentes idiomas recuerdan a
los visitantes las oportunas consignas de seguridad
vendedores de tarjetas postales y souvenirs se agregan
al grupo y distribuyen collares, pulseras, gorros morunos, diversos objetos de cerámica
los altavoces difunden música sacra y publicidad comercial
estás en el umbral del Misterio, en la boca de la infernal Caverna, en el melancólico vacío del, pues,
formidable de la tierra bostezo que conduce al reino
de las Sombras, del Sueño y de la Noche, ínclito Eneas
súbitamente abandonado por la Sibila
atravesando audazmente el himen penetrarás en los
sombríos dominios de Plutón y buscarás en vano entre
la carnosa proliferación de estalactitas la rama dorada
y los toros negros destinados a aplacar la cólera de
los dioses, la vaca estéril proverbialmente ofrendada
a Proserpina y la oveja inmolada a la madre de las
Euménides
Orfeo sin lira tras las huellas de Eurídice, sacrificado
Pólux por amor a Cástor, nuevo Teseo, inspirado Alci-
des te internarás en la oblicua garganta abierta en la
excavación pelviana rastreando el caliginoso lecho del

Aqueronte y la vasta y muerta extensión de la laguna Estigia a través de los tortuosos cuellos del útero y los esponjosos sacos vaginales cubiertos de una extraña, parasitaria foliación de algas glaucas que, irresistiblemente, evoca la imagen delirante de la Discordia y su envenenada cabellera de víboras, antes de detenerte frente a la ólmica y secular guarida de fantasmas monstruosos y animales salvajes y contemplar el rostro aterrador de Escila y el de la Quimera en llamas, sortear el letal encuentro con Gorgonas y Arpías y recorrer pausadamente la cara anterior y posterior de la vagina y sus dos bordes y extremidades, próximo ya a las ondas amargas y cenagosas del Cocito, al acecho de Carón y de su fúnebre y codiciada barca, cercado de miríadas de almas errantes entre las que identificarás las siluetas de Oronte y de Palinuro, sin decidirte aún a depositar el óbolo y ganar por fin la tenebrosa orilla cruzarás el istmo del útero y te adentrarás en una dilatada y proterva cavidad en forma de pera, con la base hacia arriba y la parte delgada hacia abajo, en cuyo centro un enorme perro guardián ahuyenta con feroces ladridos las sombras exangües de quienes, en vida, intentaran violar el secreto del Antro, embriones informes en la oficina de venas y arterias, engendrados del deleite del sueño y del sudor espumoso de la sustancia humana que, del cuello inferior al hueco superior, recorren la masa de horror, de ponzoña y de asco entre paredes de tejido muscular ornadas de una fauna submarina dúctil e inquietante, cuerpos globosos, frutos estrellados, espinas córneas, cabezas rodeadas de brazos con ventosas, articuladas antenas con movimientos de látigo, y tú, sin arredrarte, arrojarás un panal de miel a la triple boca hambrienta y voraz de Cerbero y aprovecharás su denso y momentáneo sueño para colarte por las trompas de Falopio y sus meandros interiormente tapizados de mullido epitelio vibrátil, desdeñando la vecindad de Minos y de su consejo de Silenciosos, de la infeliz Dido y de Deífobo, hijo de Príamo, avanzando por el conducto visceral que progresivamente se ensancha hasta formar el pabellón de la trompa, especie de flor u orejuela provista de franjas encargada de tomar el óvulo en el momento de la dehiscencia y conducirlo al útero mediante sutiles contracciones peristálticas

en el ovario ya, ovoide, almendrado, de color blanco rosáceo, más congestionado durante el periodo y gris amarillento en la menopausia, de superficie lisa en la pubertad y rugoso y cubierto de cicatrices más tarde, compuesto de un núcleo central y de una parte periférica consistente y blanca, albergue umbrío y redil espacioso donde acoge cuanto fértil y por dilatación vascular motivado o superfluo desdén de las sierpes alcanza

reducto protegido por un triple muro, rodeado del torrente en llamas del Flagetonte, con una infranqueable puerta de acero tras la que Tisífone insomne vela día y noche y azota y desgarra las carnes de los profanadores, fornicadores insensatos que atentaran un día a la integridad del bien apercibido ámbito y fulminados cayeron por la divina cólera en manos de Radamanto implacable y de la Hidra de cincuenta cabezas, perdido tú en las miasmas mefíticas de una musgosa

y húmeda expansión de sedimentos vegetales y de
inmensas turberas en fermentación, horrible mundo,
rezumante y viscoso, de canales, vesículas, glándulas,
nervios, arterias, secreciones, membranas y vasos, proteico reino de lo blando e informe, de la flora rastrera
e inmunda, de la obscena ebullición de lo inorgánico
vengativo Julián con las artes invulnerables de Bond
fijarás la ofrenda en el umbral del sagrario en el instante preciso en que el grupo de turistas y el guía
irrumpen detrás de ti y la laguna Estigia deviene un
romántico lago subterráneo en donde una docena de
uniformados Carontes interpretan, con plañideros ar-
pegios, una violinesca y sentimental melodía sobre una
balsa decorada como un coqueto carro de Tritón y la
Hija de la Revolución Americana, el gentleman-farmer
de Texas, los notables, las viudas y los peleteros se
enjugan las lágrimas, Espectáculo Sensacional, señoras
y señores, una de las Siete Maravillas del Mundo, y, a
los acordes de la "Marcha Nupcial" de Mendelssohn,
se descorre el último velo que oculta el presentido
paisaje de lilios cándidos y purpúreas rosas, la planicie
brillante, cubierta de hierba y bañada de sol, en la
que los bienaventurados juegan, retozan, cantan en
coro y practican deporte, el paraíso, al fin, prometido
a la minoría escogida de los continentes y de los castos
y descubres con frondoso asombro e incredulidad
abrupta que se trata, sí, se ve ya, es él, no cabe la menor duda, dios mío, quién lo hubiera dicho, del Coño
del Coño, sí, del Coño
no lo creen ustedes?

mírenlo bien
del Coño
emblema nacional del país de la coña
de todos los coñones que se encoñan con el coñesco
país de la coñifera coña donde todo se escoña y des-
coña y se va para siempre al sacroñísimo Coño
del Coño
símbolo de vuestra encoñante y encoñecedora coñadu-
ra coñisecular
de la coñihonda y coñisabidilla coñería de la archi-
cóñica y coñijunta coñición coñipresente
del Coño, coño!
y orgullosamente te sustraerás de él y de sus dominios
lucífugos e, iluminado de nuevo por el foco multico-
lor, te ensañarás con el látigo en el cuerpo ensangren-
tado de la doncella y atormentarás sus sentidos con
barroca y hiperbólica crueldad
las huestes de Tariq aguardan tu señal para abalanzarse a ella y forzar las puertas del milenario templo
tú le darás brevemente, con un seco movimiento del
brazo y asistirás, impasible, al beso eficaz de sus labios,
abiertos como una herida fresca, y al éxtasis reptil de
sus áspides, rigurosos, severos
a los forcejeos inútiles de la doncella que hace protestas de virtud y pide perdón y suplica dispensa, antes
de rendirse a discreción a los verdugos y de someterse
al fin, con docilidad bestial, a sus cobras tenaces e
imperiosas culebras
y armado de precisa, contundente palabra los arenga-
rás así
oídme bien

árabes de miembros rudos y piel áspera, manos bastas,
boca carnicera
disponed vuestro aguijón venenoso
vírgenes fecundadas por lentos siglos de pudor y re-
cato esperan impacientes vuestra cornada
sus muslos suaves, sus pechos mórbidos, reclaman a
gritos la embestida, el mordisco
saltad sobre la ocasión
violad el bastión y el alcázar, la ciudadela y el antro,
el sagrario y la gruta
adentraos sin cuartel en el coto
en el Coño, en el Coño, en el Coño!
y tú, laboriosa y prudente celadora de virgos, Celestina,
madre y maestra mía ayúdame a tender la red donde
se enmalle y pierda tan diferida presa
en mi ejército hallarás
        un fuego escondido
        un sabroso veneno
        una dulce amargura
        una deleitable dolencia
        un alegre tormento
        una dulce y fiera herida
        una blanda muerte
para cuantas Melibeas engendre, produzca, consuma y
exporte el celestinesco y celestinal país
y, a tus palabras
oh, insólita maravilla del Verbo!
el ejemplo cunde a escala nacional
cada cual ofrendará en filial, alcahuetesca y cornúpeta
emulación su madre, esposa, hermana o sobrina
ya es Teodora, ya Rufina

Brígida, Teresa y Ana
Pascuala, Isabel y Juana
Paula, Antonia y Catalina
a la africana horda de guerreros que hieren, golpean,
embisten, desarticulan piernas y brazos, rebanan cuellos, arrancan corazones, dispersan vísceras en un desa-
forado jeu de massacre súbito y contagioso
mientras simoniacos y profanadores hacen su agorera
aparición
geniecillos orientales con tarjetas postales y souvenirs
que se disputan los sangrientos despojos y los propo-
nen a los extasiados turistas que se internan
se internan todavía
más y más
aún y aún
en la vulva y el himen, la vagina y el útero, los ovarios
y las trompas de Falopio
en los meandros de una gruta sin gruta
en el Coño, en el Coño, en el Coño!

a cien metros escasos, en la histórica torre del castillo,
don Álvaro declama todavía, con ademán inspirado,
un vasto poema de tercetos de noble y ejemplar
patriotismo : al venir a tu encuentro las articulaciones
de su caparazón quitinoso, incrustado de sales calizas,
crujen con dificultad, y las dimensiones de su máscara
de perfecto caballero cristiano parecen haber aumen-
tado aún : el volumen de sus rasgos es netamente
superior al normal y el rigor de la coraza acentúa
su apariencia crustácea, de hombre de principios firmes

y sólida fe de carbonero, consciente de mantener sobre los hombros el peso de una tradición milenaria y, entre las manos, la antorcha de un imperecedero mensaje espiritual : amablemente, te invitará a tentar la estructura dermato-esquelética de sus miembros y le oirás disertar gravemente sobre esta escueta y ruda tierra de cristiandad vieja y ranciosa asegurada siglo a siglo por solar y ejecutoria de limpios y honrados abuelos : esta Castilla eterna y recia, cuna de héroes, forja de mártires, crisol de santos : Meseta avezada a producir ubérrimas cosechas de valor, de abnegación, de plegaria : atormentadas sierras, páramos trágicos : patria rezumando pus y grandeza por entre las agrietadas costras de sus cicatrices : y a cada frase la tiesura de la coraza acrecienta, y el tamaño e inflexibilidad de sus rasgos

(morfología?

caparazón con gruesas escamas córneas de forma poligonal

espinoso?

probablemente

quelonio o saurio?

corazón con dos aurículas y un ventrículo, extremidades cortas y laterales, piel cubierta de escamas, escudos y placas)

y he aquí que la máscara crece y se transforma en un desmesurado mascarón que articula talismánicos nombres sin perder un ápice de su rigidez : Herrera del Duque, dice, Mota del Cuervo, Motilla del Palancar : y crece y crece, adquiere proporciones monstruosas, se extiende y acartona, rivaliza en inmovilidad con las

estatuas : genio y figura, figura y genio : Manolete,
Séneca, el Cid : mientras te obliga a palpar la textura
de sus miembros, que alcanza los últimos peldaños de
dureza de la escala de Mohs : topografía granítica,
piedra berroqueña : formada por tres especies funda-
mentales : cuarzo, feldespato y mica : puede llevar
otros minerales accesorios : contiene un 70 por 100
de sílice : y el imponente mascarón crece y sigue cre-
ciendo, recita la lista completa de los reyes godos y
de las obras dramáticas del Fénix, lee fragmentos de
"La gloria de don Ramiro" y enumera los territorios
españoles de Ultramar : siempre en lucha desigual
cantan su invicta arrogancia Sagunto, Cádiz, Numancia, Zaragoza y San Marcial : y crece y crece y se hincha, flota como un globo, planea, desciende, se inmoviliza, convertido en pedestal de su propia estatua, en
estatua de su propio pedestal, esencia pura, genio con
figura, Figurón genial : cuando el diámetro de su
mascarón desborda los límites de la sala y tu jems-
bondesco coraje flaquea establecerás contacto con los
hombres de tu harka y solicitarás instrucciones
número Uno, al habla
número Dos, escucha
ajustando bien los audífonos, hablarás por el pequeño
círculo metálico, cuidadosamente disimulado tras la
cortina
hidalguía : honra : misticismo : sed de empresas :
genio y figura : máscara : cambio
moscas : moscas : abejas : tábanos : veneno mortal
nada más?
nada

gracias : cambio

las ondas sonoras se pierden : la comunicación ha
durado cuarenta y cinco segundos : no hay que temer
interferencias a esta hora ni por esta banda

encaramado en la escalerilla portátil de la biblioteca,
don Álvaro ensaya ahora su discurso de recepción en
la Real Academia : "Consideraciones en torno al concepto del honor en el teatro español del siglo XVII"
: el estilo es noble, la dicción perfecta : copia de
citas, espigadas en los volúmenes alineados en los
estantes, esmaltan la aridez conceptual del tema con
flores de retórica, amena y elegante : qué armonía,
qué cadencia, qué ritmo, qué imágenes! : y en cada
parte de la oración y en cada oración del periodo, qué
elipsis, transiciones, giros! qué movimiento, pasión,
entusiasmo! : la elocuencia de don Álvaro alcanza las
cimas de lo sublime : tropos, sinécdoques, metonimias,
metáforas se suceden vertiginosamente como un suntuoso castillo de fuegos de artificio : hipérboles,
silepsis, antítesis, repeticiones que subraya con su bella
voz de bajo mientras sus manos fósiles recorren los
estantes de las librerías y apartan el ejemplar de rústica
de algún exquisito drama de honor

> Seré padre y no marido
> dando la justicia santa
> a un pecado sin vergüenza
> un castigo sin venganza

su mascarón inmenso expresa un rapto indecible :
magia única del verso español, de vuestra insigne y
ensalzada rima! : tesoro celosamente guardado en las
academias y templos del Buen Decir, canon literario

magistral, cumplido e inmutable! : y el rostro de don Álvaro crece aún, se alarga, se extiende, se prolonga, se amplifica, se hincha, se hincha : encarnación viva del genio y figura de las más rancia prosapia nacional que clama y declama y súbitamente se interrumpe al descubrir una mosca espachurrada al final del emotivo dúo : unas mosca? : sí señor : díptero dotado de un solo par de alas membranosas, aparato bucal chupador, labio inferior en forma de trompa, dos antenas, seis patas : ejemplar común cuya masa abdominal se ha vertido sobre los versos del drama, creando una mancha irregular, estrellada, de reducidas dimensiones : don Álvaro arruga el ceño y las articulaciones dermato-esqueléticas de su coraza crujen : la interferencia parece haberle pillado de sorpresa y, tras unos segundos de vacilación, elige un nuevo volumen del estante y prosigue la lectura con brío

　　　　Quien en público castiga,
　　　　dos veces su honor infama,
　　　　pues, después que la ha perdido,
　　　　por el mundo le dilata

esta vez es una mosca de la carne, viva, bien viva, de color azulado y patas vellosas, que sale flechada y escapa zumbando por la ventana entreabierta que da al bulevar : nueva pausa y nueva contracción facial : la máscara de don Álvaro se concentra, hace horribles visajes, cruje, se interioriza : su coraza se agrieta y algunas escamas caen : el tamaño se reduce también : los rasgos abultan menos, las extremidades articuladas se achican : espejismo tuyo? : metamorfosis real : el miedo que te ha inspirado te abandona de golpe

178

y, en contrapeso, como obedeciendo a una ley de equilibrio, hace sifón en él : síntomas? : sudor frío, temblores, angustia, palpitaciones : con un ademán de fingido aplomo escogerá otro libro y lo abrirá penosamente al azar

Qué? Vive Dios!

... Cielos!

hoy se ha de ver en mi casa

no más de vuestro castigo

una mosca tsé-tsé, una abeja y un tábano le impiden continuar : adoptando la clásica formación de escuadrilla vuelan y vuelan y se entregan a acrobacias extravagantes en tanto que la máscara de don Álvaro disminuye a ojos vistas y la estabilidad de sus rasgos se pierde y cada elemento parece independizarse : con patético esfuerzo trata de poner fin al temblor de sus miembros, carraspea con fuerza, adopta posturas marciales : pero es en vano : la costra granítica se desprende, la violenta erosión se acelera : la masa rocosa se disgrega, se desmenuza, se desconcha : y la resistencia obstinada que opone precipita todavía el galopante proceso de demolición : montículos de polvillo fino que escurre como un reloj de arena simultáneamente a la prodigiosa reducción craneana y a las acojonantes contracciones faciales dignas del mejor Frankenstein : el trío de insectos vuela en formación correcta, planea, evoluciona, cala en picado como una escuadrilla de élite durante una vistosa parada militar : y la desconfianza en sus propios valores le gana y se extiende como una gangrena : auxilio, clama, auxilio! : ínclitas figuras históricas, recursos inagotables de la lengua! :

efluvios éticos, paisajes metafísicos, a mí, a mí! : y,
enloquecido, agarra un nuevo ejemplar y declama
      Nunca un español dilata
      la muerte a quien le maltrata
      ni da a su venganza espera
sin conseguir otro resultado que el despegue de un
denso enjambre de insectos, que escapan de las moho-
sas páginas del libro y cubren en pocos segundos los
somnolientos estantes de la biblioteca : a mí, romancero, auto sacramental, libro de caballería! : Cid
Campeador, Manolete, Meseta! : mística, tauromaquia, estoicismo! : Séneca, Séneca, Séneca! : ahogado
por el zumbido de los insectos que copulan y se reproducen, se reproducen y copulan : huevos que
devienen larvas, larvas que devienen ninfas, ninfas
que devienen insectos : moscas, abejas, hormigas, tábanos, arañas que entran y salen de los libros, devoran
el papel, corrompen el estilo, infectan las ideas : la
máscara de don Álvaro se deshincha y arruga, y sus
miembros se abandonan a un irresistible baile de san
Vito : inútilmente murmura : Guadarrama, Soria
pura, Me duele España : su figura se encoge aún y
pierde consistencia, sus ojos lagrimean, su voz se
feminiza : de modo lastimoso intenta componer con
la época, ensaya juveniles sonrisas, tararea un aire de
los Rolling Stones : los insectos zumban, vuelan, copulan, se multiplican, buscan alimento en los libros
magistrales de los estantes : ideas elevadas, aforismos
célebres, versos perfectos desaparecen vorazmente y se
disuelven en los recovecos de su masa abdominal : el
Soneto, el Soneto!, suplica don Álvaro : patrimonio

nacional, tesoro artístico, joya imperecedera! : pero las moscas chupan unas tras otras las sílabas de los catorce versos : burla burlando van los tres adelante, pasan a la mitad de otro cuarteto, entran con pie derecho en el terceto, están con los pobres versos acabando : y el serrín escurre por la coraza destripada de don Álvaro y su máscara disminuye y se achica del tamaño de un puño de bastón : estoicismo, gime : toro prehistórico, cuevas de Altamira : y las moscas velludas, tornasoladas, pringosas chupan y chupan, vuelan, se ciernen, planean : colgadas del techo en gruesos racimos, ennegreciendo los estantes de las librerías, dueñas y señoras del lugar : el caballero emite gorgoritos de vicetiple, se retuerce, pone los ojos en blanco : el guardián de la biblioteca le toma el pulso y augura el fatal desenlace : el grupo turístico, el guía, los mendigos del Zoco, la mujer amordazada, los niños tejedores le rodean y acechan, inmóviles, la expresión de sus últimas voluntades : don Álvaro respira con dificultad : su lengua asoma, lívida, por entre los dientes y se mantiene angustiosamente extendida : CU, dice : CU-CU-CU : cuna, culebra, culpa, cupletista, cubil, curandero? : y el sonido moribundo se ahila y el zumbido de las moscas aumenta : Cuba, Cumberland, Cúcuta, Curie, Cuitláhuac, Cundinamarca? : cuando el guardián de la biblioteca le cierra los párpados y se descubre, un silencio compacto se establece en la habitación : el hecho no ofrece la menor duda : el caballero ha muerto : y, antes de devolver el cadáver a la afligida familia, redactarás el piadoso epitafio

en tu pecho cristiano, lleno de ansias supremas y eternas no cabía el temor, y abrazado a la vieja bandera, bajo el león del escudo vetusto que corona el alcázar de España, derramaste tu sangre preciosa, legionario de brava legión

salmos penitenciales, mea culpas broncos, fulgurantes emblemas cabalísticos!

la hispana teoría sale de la iglesia de Santa María la Mayor precedida de la guardia civil a caballo en uniforme de gala : siete mil adoradores de la Adoración Nocturna con sus cruces, ciriales, pendones, banderas : seis cofradías de la Hermandad de Cruzados de la Fe luciendo severas túnicas : la banda municipal que interpreta composiciones sacras : infinidad de religiosos entonando himnos eucarísticos : los cleros extradiocesano, diocesano y parroquial en brillante cortejo : los cabildos colegial y catedral con las pluviales bordadas en oro : el legado pontificio asistido de proto-notarios apostólicos, prelados domésticos, camareros secretos, camareros de capa y espada

baja por la calle de Bravo Murillo, sigue por la de Fuencarral, entra en la calle de la Montera, se une en la Puerta del Sol a las demás cofradías para iniciar la solemne, catártica procesión del Silencio

sí, señor, sí, la gran capital de los rascacielos y avenidas, de la vida ociosa, despreocupada y alegre, the wide-open city in all the senses of the word, Madrid, la cuna del requiebro y del chotís, the world's few remaining pleasure cities, Madrid Madrid Madrid en

México se piensa mucho en ti, Madrid, digo, se dispone
hoy a hacer penitencia al estilo de la Edad Media
cadenas sujetas con grilletes a los tobillos! : pies
descalzos, ateridos, sangrantes! : millares de cruces
de madera, cilicios, disciplinas!
diez mil kilos de hierro, fair ladies and good gentlemen! : cadenas adquiridas en el Rastro al precio
equivalente de ocho $ cuarenta y cinco centavos o al-
quiladas a dólar por noche en las ferreterías ante la
extraordinaria demanda de última hora, cuando el
surtido normal se reveló insuficiente!
en las tiendas de la calle de la Paz y numerosos con-
ventos de clausura se han vendido a miles y miles los
cilicios hechos por las monjitas con unos alicates, un
rollo de alambre y unas tenazas : la parte destinada al
contacto con la carne está erizada de púas con un filo
muy semejante al corte de las navajas, y las hay para
colocar alrededor del brazo, del muslo o de la cintura,
según el gusto del consumidor
los encapuchados que ven avanzar titubeando, como
en la inolvidable película de Bergman, pertenecen,
ladies and gentlemen, a todas las categorías de la sociedad : militares y aristócratas, banqueros y potentados,
artistas y cantaores fraternizan y se codean con personas de humildísimo rango y condición : la penitencia
los iguala a ojos de Dios y, como los antiguos eremitas
y anacoretas, ponen a dura prueba sus febles sentidos
para hacerse dignos de entrar un día, purificados y
limpios, en la Morada Celestial
la cruz que divisan en primer término, hecha con un
poste de telégrafos, pesa más de cien kilos : es de

propiedad particular y, desde hace años, carga con ella
su piadoso dueño, hombre joven y de excelente posición económica : un impecable caballero a la española
con quien departieran tal vez horas antes en la popula-
rísima barra de Chicote o en el típico Corral de la
Morería y que, ahora, abandonando los placeres mun-
danos conforme a una recia tradición solariega, prac-
tica la mortificación a la antigua, amparado en el
anonimato del uniforme penitencial
el cicerone da por terminado su discurso y los notables
del Bronx, los peleteros de Chicago, el gentleman-farmer de Texas, la delegación de espeleólogos, los críticos musicales de vanguardia, los recién divorciados y
las viudas de guerra sonríen bajo la opulenta batuta de
Mrs. Putifar : sus miradas estrábicas convergen hacia
el encapuchado que con sambenito, coroza, escapulario, una soga al pescuezo y una vela en la mano carga
con el poste de telégrafos por la madrileña Vía de la
Amargura, hoy del filosofísimo Séneca : las mellizas
hendiduras oculares del capirote filtran una aguda mirada de lince y los labios parecen sonreír sagazmente
por el lóbrego orificio de respiración : su andadura
ligera y flexible contrasta visiblemente con el paso de
sus afines, desangelado y torpe como el de un ánade :
en el áureo esplendor de la Semana Santa las carrozas
desfilan cuajadas de flores y las lágrimas y goterones
de sangre que escurren por los rostros demacrados de
los Cristos y las Dolorosas avivan la religiosidad del
gentío y disparan, a su paso, las desgarradas saetas que
rehilan en la densidad de la noche con reminiscencias
arábigas

el ojo avizor del encapuchado del poste de telégrafos
vigila la fastuosa escenografía y, al doblar la esquina,
por la tortuosa calleja del Moro, cofradías y herman-
dades experimentan una insólita transformación :
Doctor Jekyll y Mr. Hyde, sí : pero sin sufrimiento, sin
visajes : suavemente, sin tropiezo alguno : los adustos
caballeros cruzados del Cristo de la Buena Muerte on-
dulan el cuerpo al son de las flautas, desarticulan
caderas y hombros al ritmo de los bongós : poseídos
del demonio tropical de la música, entre carrozas-cisne,
carrozas-madreperla, esculturales Venus negras con
penachos de pluma y colas flabeladas : arrojando pu-
ñados de confetti, lúbricas, implicantes serpentinas :
magia y milagro en americano tecnicolor! : mientras
la comparsa deslumbra con satinados asteroides y faro-
lillos japoneses : el caballero del poste de telégrafos
se ha liberado del capirote y luce ahora un níveo turbante sobre su risueña faz de traidor : eres tú, Julián,
ennoblecido y aureolado de tu secular felonía! : tus
pobladas cejas se arquean alertas y tus labios rotundos·
muestran la afilada blancura de unos dientes habitua-
dos al mordisco, al beso varón : tus implacables pupilas
indagan juveniles presas y vuelan tras la esquiva silueta
de alguna doncella rubia y católica : sin cuartel, sin
cuartel! : y, trujamán de la escena, con todos los hilos
de la trama en las manos, ocultarás la afligida masa
de penitentes tras una radiante sucesión de telones
y bambalinas : los indígenas beben ron, las mulatas
florecen dulcemente en sus trajes : los timbaleros
actúan como si proclamaran el Terminal Juicio :
lánguida ínsula poblada de negros silvestres, amables

y mansos! suntuoso decorado de palmeras, de flora
ornamental! : y la comparsa de tus faunos avanzará
y avanzará entre ardorosos machos y enloquecidos
virgos por las calles de la pagana ciudad en fiesta, en
la carnavalesca alegría desbordante
la sala está a oscuras : la cinta ha terminado
sólo tú, Bond, caminando impertérrito hacia la orquesta de calypsos, bajo la dorada luz de los focos

a la hora del aperitivo, cuando el tráfico urbano suele
ser más intenso, un paradigmático ejemplar de capra
hispánica hace su aparición en el cruce de Callao y
Granvía, frente a la boca del metro : sucesivamente
lo vemos en el stand de bonetería de Galerías Precia-
dos, de visita en diferentes museos e iglesias, dar una
charla sobre "Ortega y la Caza" en los salones del
Ateneo, brindar con una copa de vino español en
Chicote, departir de oligarquía clasista en el Pelayo y
de verso plurimembre en el Gijón : sin olvidar la
obligada visita al palacio de las Cortes, en la tribuna
de los invitados de honor, mientras vuestros egregios
procuradores designados por el tercio familiar y la más
alta y próvida inspiración divina discuten interminablemente la enmienda quinta al anteproyecto de ley
de alcantarillado de Quintanar de la Orden con tropos
y metáforas dignos de literarias justas, de competitiva,
reñidísima Flor Natural
no obstante la presencia de numerosos periodistas y
fotógrafos y el amable concurso de los cameramen
y populares reporteros de televisión, sus idas y venidas

chocan con la opaca indiferencia de la muy urbana,
anónima, mass-media multitud : vestida de paño cata-
lán, encuadernada en ante mallorquín, con elegantes
mocasines de trovadoresca línea italiana : flamante,
impecable, endomingada, agrupada bajo el común
denominador de una radical y estrepitosa novedad
: nuevos burgueses, nuevos aristócratas : nuevos horte-
ras, nuevos empleados : nuevos funcionarios, nuevos
curas : nuevos dueños, nuevos señores de la novísima,
reluciente situación : desarrollo industrial, sociedad
de consumo! : masajes, saunas, curas de adelgazamien-
to! : herrumbrosos cementerios de coches! : veladas
electro-domésticas frente al recién adquirido televisor!
: en la plena y solemne posesión de su nuevo status :
amaestrando Seats, señoreando Dodges, domesticando
Volkswagens, sometiendo al imperio de la rectilínea
voluntad hispana el cuadro de mandos del Citroën
último modelo : encrestados siempre de la voluble
ola, resueltamente IN : Carnaby Street, corbatas Pierre
Cardin, gorros y sombreros Bonnie and Clyde : pen-
sando en self-made-men, sí, pero con el inconfundible
acento de chuleta de Madrid

      decididamente la situación no puede prolon-
      garse : los técnicos mejorarán las estructuras
      : nuestra vocación es europea y la encíclica nos
      indica el camino : dialoguemos mezzo voce
      para instruir al pueblo : los ordenadores eli-
      minarán con sus cálculos las aparentes contra-
      dicciones de clase

mientras la capra hispánica se aleja melancólicamente
del centro comercial y zonas residenciales hacia el ex-

trarradio común y más vasto : acatando edilicias disposiciones de tráfico por aceras y pasos de peatones, burladeros e ínsulas : en medio de las diligentes masas laboriosas maternalmente cobijadas por las alas de clueca de vuestro castizo sindicato vertical : sistema sabio y previsor, armonioso, flexible! : bálsamo de seculares injusticias históricas, defensor eficaz del obrero contra el obrero mismo : tan proclive, ay!, a la demagogia plebeya, al canto de sirena de las propagandas extremistas : trazando con ecuanimidad y mesura el ámbito de la hispana convivencia, de acuerdo con vuestras tradiciones centenarias y vuestra sólida nervadura espiritual : política de un filósofo y un sistema, cuyos resultados saltan a la vista : viviendas protegidas, automóviles a plazos! : excursiones domingueras a la sierra! : proezas europeas de Di Stefano, hazañas inmortales del Cordobés! : por los macizos bloques de cemento repetidos, exactos que inacabablemente se suceden sobre las ruinas de las antiguas chabolas de caña y latón : hasta el descampado desierto y calvo, orilla de un mar petrificado, ancho y ajeno como el mundo : Meseta, llanura horizontal, áspera y recia Castilla! : paisaje cenobítico de coloración austera : amplio, severo, grave, reposado : solemnes encinares henchidos de silencio, rocas enhiestas, desnudas : aliento de eternidad, sed del espíritu, ardor seco del alma ibera! : sustraída del febril panorama urbano, la capra hispánica respira de quietud y alivio : el límpido aire serrano ensancha sus oprimidos pulmones : con ciencia agraria, descansada vida fuera del mundanal ruido! : apacible, mansueta busca las madroñeras agrestes, las jaras perfumadas y humildes : sus pasos la conducen, por senderos y trochas, a las primeras estribaciones del monte : allí, encaramada en un pintoresco mogote, pace la fresca hierba menuda, bebe del agua purísima de un arroyo : en la ermita de Arenas de San Pedro, donde los monjes dan la sopa boba a los viandantes, se restaura en compañía de su complementario mentor el carpeto : y juntos emprenden, tras venturosa siesta, la dura y difícil ascensión : de peña en peña, de berrueco en berrueco : cuesta arriba, por entrañables paisajes de aire teresiano, hasta las perennes alturas de silencio y libertad : romances en Gredos, entre los pastores y las maritornes! : serena música de cascadas, quebradas fragosas, ansias atávicas de inmortalidad!

instalados en el confortable Parador de Turismo, los hombres de tu harka otean pacientemente con sus prismáticos y, en un pestañeo, la cacería se organiza : no podéis perder un segundo : el tiempo apremia : hay que acabar de una vez con tan perniciosa fauna : el camino más corto entre dos puntos pasa por las estrellas : penetrados de esta sibilina sentencia, vuestros corceles desplegarán sus alas talares y volarán sutiles y raudos hacia las funestísimas cumbres : moros enturbantados, de negra barba cerrada y centelleante sonrisa! : vuestras sombras se proyectan en el terso verdor de los montes, ingrávidas como vuestras monturas y vuestros alfanjes, hienden tenuemente al espacio y apuntan, agudos, las altas regiones donde la capra se cría y el carpeto florece : terrenos, como diría Fígaro, de maravillosa fecundidad : puntos donde basta dar una patada en el suelo y, en un volver la cabeza, la pareja está allí, inseparable, con su imperativo poético, su sed de empresas, su trascendente mensaje espiritual : el bóvido y el homínido : la capra de cuernos huecos, persistentes y no ramificados y el carpeto dotado de sinrazón, sarmentoso y reseco, con piernas, brazos y sus correspondientes manojos de dedos y un curioso apéndice lingual con el que se expresa y canta y reza y comulga : simbiosis extraña! : la jauría de perros vuela detrás de vosotros, uncida por deslumbrantes traíllas y ágiles monteros beduinos surcan el aire delgado con su rica panoplia de lazos, trampas, redes, señuelos : hábiles rastreadores, ojeadores diestros exploran pistas y huellas, regulan, sigilosos, las acrobáticas incidencias de la batida : la ejemplar pareja parece oliscar el peligro : homínido y capra tantean las posibilidades recónditas de la serrana foliación, las salvadoras anfractuosidades crípticas : el retorno a la troglodítica civilización se impone en seguida como la solución más viable : prehistoria española, hontanar de vuestras más limpias y claras esencias! : emboscados en la maleza, alcanzan la boca de la gruta y se cuelan en ella, confiando en la ayuda del Señor : pero, espantado de la fiereza de tus harkis, el Señor se guardará muy bien de intervenir y preferirá ocultar su informe cabezota tras el velo de algodón de una nube : cómo explicar, si no, el brusco final de la historia? : el carpeto y la capra se han acomodado en la cueva y, a fin de reconfortarse y matar el tiempo, izan y arrían banderas, organizan desfiles y marchas, rezan el santo rosario y cantan el himno de la legión

: el aislamiento predispone sin duda al autoengaño y la euforia, pues sus apreciaciones estratégicas no corresponden ni mucho menos a un análisis objetivo y real : la africana hueste voladora se cierne ahora sobre el refugio ficticio y los primeros exploradores aterrizan con los impacientes mastines : la busca y el hallazgo de la pista se operará sin ninguna dificultad : los ojeadores ocupan las alturas vecinas y cualquier tentativa de evasión está condenada al fracaso : cetreras artes brujas que su implicante telaraña tejen bajo la volatinera inspiración de los caballos livianos! : los cabos de los turbantes flotan como banderas y el relincho caudaloso de las bestias se conjuga con la pródiga, desbordante risa de los hombres : los corceles se posarán, gráciles, junto a la altamirana gruta y las alas del diosecillo Mercurio batirán levemente sus plumas y se reabsorberán en la esbelta configuración de las piernas : el desenlace se aproxima y los viejos romances medioevales del carpeto y las cagarrutas de la capra confirman la irrefutable presencia de las víctimas en el lugar : los jinetes han desenvainado sus corvos alfanjes y aguardan tus órdenes agazapados, silentes, felinos : la extensión y profundidad del mal imponen una terapéutica enérgica y rápida : la pareja debe morir : sus cuerpos desgarrados lucirán como trofeos en lo alto de las picas : el alma a los luceros y el cuerpo a criar malvas : divorcio radical! : y ensillando de nuevo los corceles galoparás y galoparás, ligero y aerícola, con la densa multitud de los ecuestres guerreros saltimbanquis por las cumbres del Guadarrama y San Vicente, de Fuenfría y Peña de Francia, y si el carpeto

obtuso y la porfiada capra se cruzan contigo te abalan-
zarás a ellos y los acometerás con tu alfanje : a los
luceros, sí, el alma a los luceros y el cuerpo, la carroña del buitre, abajo, a ras de suelo, a criar malvas!
: y volarás y volarás aún con tu eficaz antídoto, haciendo ahumadas de pólvora y preventivas quemas, hasta
desarraigarlos para siempre de sus peñas y riscos, de
sus estupefacciones alpinas, de sus apoteosis cimeras
: cuando el nocivo y semoviente paradigma se extinga
y la nueva fauna importada de Australia se afinque en
el liberado paisaje, reunirás a tus jubilosos guerreros
y, en alcoránica lengua, darás la orden de marcha
el ciego sol, la sed y la fatiga! : por la terrible estepa
castellana, al descanso, con cientos de los suyos, polvo,
sudor y hierro, Ulyan cabalga

falta el lenguaje, Julián
desde estrados, iglesias, cátedras, púlpitos, academias,
tribunas los carpetos reivindican con orgullo sus derechos de propiedad sobre el lenguaje
es nuestro, nuestro, nuestro, dicen
lo creamos nosotros
nos pertenece
somos los amos
estudiosos, licenciados, vates, sabios, expertos, peritos
esgrimen sus títulos de dominio, posesión, usufructo
nuestro, nuestro, nuestro
patentado conforme a las leyes
protegido por las convenciones internacionales
nuestro, nuestro, nuestro

depósito legal
marca registrada
derechos reservados en todos los países
nuestro, nuestro, nuestro
imagen de nuestra alma
reflejo de nuestro espíritu
nuestro, nuestro, nuestro
apostólico
trascendental
ecuménico
nosotros lo llevamos a la otra orilla del Atlántico con
la moral y las leyes, la espiga y el arado, la religión,
la justicia
a dieciocho naciones que hoy hablan y piensan, rezan,
cantan, escriben como nosotros
hijas nuestras pues
y sus hijos
nietos nuestros
castellanos también
de esencias perennes
imperativo poético
concepto ascético y militar de la vida
si hemos perdido el cetro, el imperio, la espada
todos nuestros dominios en donde hace siglos no se
ponía el sol
nos queda la palabra
podrá faltarnos Gredos
el paisaje
la capra
la palabra, jamás
cuanto menos álamos, más

cuanto más turistas, más
ni más ni menos, más
y he aquí que el coro sublime de sus voces atraviesa
el océano y resuena, estentóreo, a miles y miles de
kilómetros de distancia
por las pulquerías de la Lagunilla en México
por la bonaerense calle de Corrientes
por el barrio de Jesús María de La Habana
y el tlaxcalteca
el porteño
el yoruba
lo escucharán con indignado asombro y darán rienda
suelta a su labia

boy boy pinche gachupín quiobas con el totacho
abusadísimo mi cuás ya chingaste hace ratón con
tu lopevega ora te chingas gachupas ora te desflemo
el cuaresmeño ora que no se te frunza el cutis aquí
hasta las viejas semos machos ai mero te doy pa
tus chiclosos güey como quien no quiere la cosa
pero antesmente caifás con la lana méndigo güero
balín jijo del máiz abajo los guardapedos y ái te
doy negra noche bien ojete a ver si te hago quesa-
dilla manís y de huitlacoche pa que no digas
carpeteame un cacho al coso ese y decime si no es
propio un plato, ma que castiya ni castiya, ñato,
estos gaitas ya me tienen estufo con lo del chamuyo
se la piyaron en serio que son el trompa de la
bedera y no se avivan que aquí van sonados, ponele
la firma, qué manga de engrupidos, pibe, a ésos
no te los cura ni el dotor Barna, te lo digo yo
mía paeso, pero qué babbaridá compai, que viene

ette gaito con su cuento de limpia, fija y desplendol
y tiene la caradura de desil-le aúno, a menda, a mí
mimmo, asien medio de la conversadera y too que
no se púee desil luse posque, muy fino el tipo, así
dientefrío y tó, con su bigotico así ensima de su
jeta gaita, too decolorío el blanco, así que viene y
me dise que no, que no se debe, asimimmo, que no
se debe desil luse, dise, posque eso quiere desil que
yostoy hablando de la lujelétrica y que lo que tengo
que desil, dise él, e, ej, no caballero silo que me
dá unarisa, lo que tenemo quedesil nosotros ej que
me pareze y lo dise así el blanconaso quemándome
con su seta, y lo repite como pa quemelo aprenda
bien-bien benito, pero que me río, nama que me
río polque la veldá-veldá que lo que menrecueddo é
de cuando Quintínbandera cojíun guerrillero deso
de lo voluntario de Labana y namá que le pedía, diga
gabbanso, y como el tipo le dijera gar-ban-zos así
con toda su seta y con sujese lo mandaba ñampía
de que ni ná ni ná, de segurola y enelatto, mi
emmano, no sinante claro preguntal-le el nombre al
interfeto, asique cuando ette desía unejemplo Zefe-
rino Garzía, el Quintín no tenía majná que desil, se
ñamaba!
únete a ellos, Julián
LA PROPRIÉTÉ C'EST LE VOL
ET
TÔT OU TARD
LA CLASSE POSSÉDANTE SERA DÉTRUITE
oh manes de Bagdad, de Córdoba, de Damasco! :
vehículo de la traición, hermosa lengua mía : lenguaje

pulido y cortante, ejército de alfanjes, idioma cruel y brusco!

a mí, beduinos de pura sangre : guerreros que afrontáis diariamente la muerte con desdeñosa sonrisa, jinetes de labios ásperos, abultadas yugulares, rostro bárbaramente esculpido

contemplad el tentador Estrecho con vuestros perspicaces ojos cetreros : la sucesión de olas blancas que impetuosamente galopan hacia la costa enemiga : crestadas de espuma, como sementales que relinchan con furia al zambullirse : playas ansiosas de Tarifa, roca impaciente de Gibraltar!

hay que rescatar vuestro léxico : desguarnecer el viejo alcázar lingüístico : adueñarse de aquello que en puridad os pertenece : paralizar la circulación del lenguaje : chupar su savia : retirar las palabras una a una hasta que el exangüe y crepuscular edificio se derrumbe como un castillo de naipes

y galopando con ellos en desenfrenada razzia saquearás los campos de algodón, algarrobo, alfalfa

vaciarás aljibes y albercas, demolerás almacenes y dársenas, arruinarás alquerías y fondas, pillarás alcobas, alacenas, zaguanes

cargarás con sofás, alfombras, jarros, almohadas

devastarás las aldeas y sacrificarás los rebaños, despojarás a la ilusionada novia de su ajuar, a la dama aristócrata de sus alhajas, al rico estraperlista de su fulana, al hidalgo provecto de su alcurnia

retirarás el ajedrez de los casinos, el alquitrán de las carreteras

prohibirás alborozos y juergas, zalemas y albricias,

196

abolirás las expansivas, eufóricas carcajadas
el recio comensal de sanchopancesca glotonería que
aborda su bien surtida mesa con un babador randado
y, tras la oración de rigor, se dispone a catar los man-
jares que le sirven maestresalas y pajes, lo amenazarás
con tu varilla de ballena, impuesto de la autoridad y
el prestigio de tus severos diplomas lexicográficos
no se ha de comer, señor carpeto, sino como es uso
y costumbre en las otras ínsulas donde ya he morado
: yo, señor, soy gramático, y miro por la pureza del
idioma mucho más que por mi vida, estudiando de
noche y de día y tanteando la complexión del carpeto
para acertar a curarle cuando cayere enfermo : y lo
principal que hago es asistir a sus comidas y cenas, y
dejarle comer de lo que me parece castizo y quitarle
cuanto etimológicamente es extraño : y así mando
quitarle estos entremeses porque contienen arroz y
aceitunas, y aquellos guisos por ver en ellos alubias,
berenjenas y zanahorias
desa manera, aquel plato de perdices que están allí
dispuestas, y, a mi parecer bien sazonadas, no me ha-
rán algún daño
ésas no comerá el señor carpeto en tanto que yo tuviere
vida
pues, por qué?
porque son en adobo y han sido condimentadas con
azafrán
si eso es así, vea el señor gramático de cuantos manja-
res hay en esta mesa cuál me hará más provecho y
cuál menos daño y déjeme comer dél sin que me le
apalee, porque por vida de carpeto, y así Dios me le

deje gozar, que me muero de hambre, y el negarme la comida, aunque le pese al señor gramático y él más me diga, antes será quitarme la vida que aumentármela

vuesa merced tiene razón, señor carpeto : y así me parece que vuesa merced no coma de aquellos conejos guisados que allí están, porque van guarnecidos de alcachofa : de aquella ternera, porque ha sido aderezada con espinaca

aquel platonazo que está más adelante vahando me parece que es olla podrida, que por la diversidad de cosas que en tales ollas podridas hay no podrá dejar de topar con alguna que me sea de gusto y provecho

absit! : vaya lejos de nosotros tan mal pensamiento! : no hay cosa peor en el mundo que una olla podrida con albóndigas y unas gotas de aceite : y respecto a los postres de vuesa merced ni uno siquiera le puedo autorizar: el flan, a causa del caramelo: el helado, por contener azúcar : la macedonia, por el jarabe : en cuanto al exquisito sorbete que acaban de servir a vuesa merced, la duda ofende : es etimológicamente foráneo!

y, abandonando al carpeto en la plena y solemne posesión de su hambre, galoparás de nuevo por el próspero y floreciente reino de la Paz, el Desarrollo y el Orden y provocarás catástrofes financieras y desastres bursátiles mediante la brusca supresión de aranceles y tarifas, la abrogación inesperada y radical de todas las barreras de aduana

a los comerciantes que miden y pesan los dejarás sin fanegas, quintales, arrobas, azumbres, quilates

privarás de álgebra a las escuelas y a las contabilidades

de cifras
y galoparás y galoparás e incorporarás a tus huestes
alguaciles y alféreces, almirantes y alcaldes
requisarás las bebidas alcohólicas
despoblarás las construcciones de albañiles
derribarás tabiques, secarás acequias, motivarás infecciones y epidemias al desbaratar el arduo, laborioso
sistema de alcantarillas
y galoparás y galoparás sin tregua por el vasto y asolado país, y cuando la ruina sea completa y la bancarrota
absoluta, te pararás frente al mapa de la Península y
apuntarás aún con tu varilla de ballena
ah, se me pasaba : y quítenme de ahí ese Guad-el-Kebir!

no olvides el olé
en el coso taurino, ombligo de la nación hispana
(narcisistamente ovillada sobre sí misma) el nietzscheano torero de la virtud, el estoico (no acuclillado) filósofo Séneca dispensa con gravedad y compostura los rudimentos y esbozos de su exquisita filosofía de salón :
sosegadas prisas de caballero de la mano en el pecho
enfrentando al bos primigenius, puro teorema geométrico que, en el cero redondo de vuestra nada, ejecuta
la castiza ecuación filosófica con gestos y ademanes
que provocan el deliquio de la compacta, agarbanzada
multitud : criterios balmesianos, derechazos donosos,
nítidos pases krausistas : avanzando paso a paso, muy
chulo, hacia la vasta, fenomenológica perspectiva : con
esa peculiarísima dote nativa de intuir las relaciones

espaciales e imponer al respetable la evidencia matemática y coreográfica del bailador teorema : manoletinas y verónicas, orteguinas y zunzabiriguetas, ágiles, volanderos silogismos que acrecientan siglo a siglo el rico acervo de vuestro saber : elucubraciones etéreo-musicales de la esteparia cinemática taurina que hacen brotar el olé desde lo hondo del cavernoso gaznate y sostienen al bailador filósofo en el centro desnudo del Grand Nombril! : hueco enorme, pavoroso vacío abierto en el bruñido abdomen nacional, más acá del lechuguino concepto y de su hirsuta frondosidad inútil : mientras el robusto Urus embiste deslumbrado hacia la móvil, tornadiza casuística : hacia la axiomática verticalidad del diestro que lentamente gira sobre sus talones iluminado por la fúlgida percepción leibniziana: por el die philosophischen Schriften von Gottfried Wilhelm Leibniz : en medio de las voces enfebrecidas y rugientes : olé rotundo que se repite en oleadas, maremagnum que escolta la limpia ejecución del teorema, piedra angular de vuestro hispánico sistema doctrinal : el olé, Julián, el olé! : el bello y antiquísimo wa-l-lah! : saca el adocenado orín que lo cubre, restitúyele el lustre original! : que las gargantas mesiánicas que lo emiten se atrofien y enmudezcan de golpe : sin su místicovisceral acompañamiento la danza filosófica del torero perderá su magistral señorío, sus movimientos devendrán torpes, el pánico le dominará : el capote caerá de sus manos, el traje de luces abatirá su brillo, un invencible temblor se adueñará de sus miembros : centrado en el ruedo obsceno, gesticulará y gesticulará en el vacío, como el títere a quien han soltado los hilos y oscila aún, tosco y desangelado : el Thur arábigo embestirá entonces con retenida furia y sus cuernos no apuntarán la sofística capa de brega : ay que terribles cinco de la tarde, cinco en punto en todos los relojes, las cinco en sombra de la tarde! : miradlo bien : el espectáculo es magnífico : el filósofo aguarda temblando, como poseído de un frenético mal de san Vito y el pitón lo atraviesa de parte a parte en medio del decretado silencio : cómo en el cerco vago de su desierta arena el gran pueblo no suena? : ni un grito, ni un lamento : sólo tu risa, Julián, dueño y señor del wa-l-lah, planeando sobre el baldío solar, ombligo desollado y sin voz abandonado a la erosión de los siglos

IV

Ya me comen, ya me comen
por do más pecado había.

ANÓNIMO: *Romances del rey Rodrigo*

Se halla en los brazos de Julián fornidos
ahogándole, a su cuello retorcidos.
Sobre él enhiesto a su garganta apunta
fiero puñal, que el corazón le hiela;
procura desasirse, y más le junta
pecho a pecho Julián, que ahogarle anhela.

JOSÉ DE ESPRONCEDA: *El Pelayo*

conforme noticias avaloradas por el denso caudal de experiencia de vuestra castiza y españolísima teoría de la información (teoría que, según sabemos, se ceba en hontanares de significación entrañable y profunda como recuerda oportunamente al foráneo el vasto mural comanditado por el joven y dinámico faraute, y eventual sucesor de vuestro Séneca: símbolo del primer mensaje registrado en los anales históricos, célebre, como diría un conocido especialista, por la enorme quantitá di informazione contenuta in una sola comunicazione: pues, como é noto, de acuerdo con el susodicho especialista, la quantitá di informazione dipende della probabilitá: quanto meno probabile é l'apparizione di quelle unitá di cui é composta una certa comunicazione, tanto maggiore é l'informazione in essa contenuta: el rubio, rollizo y salutífero enviado del Señor transmitiendo a la ruborizada Virgen la improbable unidad comunicativa y, por tanto, sustanciosísima información, acerca de los inesperados beneficios de la visita de una paloma que, por lo gorda, blanca y lustrosa, entretiene en el piadoso contemplador del mural una excusable confusión de ideas entre el Holy Ghost invocado por la opulenta Mahalia Jackson y el anuncio en colores de Avecrem) : en cierto villorrio rodeado de tupidos bosques vive un niño, el más hermoso que la mente humana pueda imaginar : no precisan las agencias qué edad tiene, pero sí dicen que el niño de marras peina cabellos rubios que darían envidia al mismísimo sol : que sus ojos son cachitos de sielo que Dios le

dio y la boca una fresa por lo menuda y las orejas dos
caracolitos de mar : la madre de Alvarito, y no hay para
menos, lo quiere con locura : sin embargo, más loca
aún se muestra la abuela, que no sabe qué hacer ni
qué caricias prodigarle para manifestar hasta qué punto idolatra a este tierno infante : siempre lo colma de
regalos y es la abuelita precisamente quien le tejió una
caperuza roja, toca que le sienta tan bien al nieto, sobre
sus blondos y undosos cabellos, que todo el mundo da en
llamarle Caperucito Rojo, hasta el extremo de haber
caído en el olvido su verdadero nombre (siguen, aquí,
diversas apreciaciones anatómico-morales del interesado : piel blanca, manos finas, pestañas rizadas, carácter tierno, virtud acendrada mutatis mutandis según
el código significante de los diferentes órganos infor-
mativos y su finalidad gnoseológica)
oh, mamita! : qué torrijas tan ricas! : las has hecho
para mí? (receta : 250 g. de bizcochos, 200 g. de azúcar en polvo, 6 yemas de huevo, una cucharada pequeña de canela en polvo, una rodaja de naranja, 1/2 litro
de leche, un puñado de avellanas)
no, Caperucito
con lo que a mí me gustan! (3/4 de litro de leche,
200 g. de azúcar en polvo, 4 huevos, 200 g. de fruta
confitada, 25 g. de mantequilla, una cucharada sopera
de ron, un diente de vainilla)
son para la abuelita : me ha hecho saber que está enferma
enferma? (alarmado) : y qué tiene?
no creo que sea grave : pero vas a ir a verla y le lleva-
rás estas torrijas y este tarro de manteca

jolines : pues ahora mismo voy

sí, sí: mete todo es esta cestita y vete volando

Alvarito no se hace rogar: encaramado en una silla, coge la cesta del aparador, coloca en ella las torrijas y la manteca, se apea con sumo cuidado y, tras de dar un beso a su madrecita del alma querida, sale de la casa caminando a bosque traviesa realiza diversas acciones y obras pías de las que queremos dejar constancia (en el universo material en que vivimos el eje vectorial de la información mass-media suele orillar estas categorías ontológicas de tan luminosa y trascendente significación): deposita una oruga en la vera del camino evitando su probable aplastamiento bajo las suelas de algún peatón distraído: endereza el tallo de una flor agobiada por los calores veraniegos: siembra migajas de pan para los pájaros desnutridos: fustiga suave pero firmemente la escandalosa impudicia de dos moscas vinculadas ex commodo en fulmínea y sonora copulación: plebiscitado por la aprobación tácita de los habitantes selváticos : una ardilla inquieta, una liebre sagaz, algún buho de apariencia juiciosa e introvertida : y rezando también : jaculatorias en latín y oraciones ricas en indulgencias cuyo cómputo aproximado, frais deduits, se eleva a la astronómica cifra de 31 273 años : Madre mía amantísima : Acueducto de las divinas gracias: Reina de cielos y tierra : Abogada y refugio de los pecadores: Inmaculada hija de Joaquín y de Ana : resultado : quince almas del purgatorio redimidas o aliviadas de sus penas de daño y de sentido según la fidelísima y dulce contabilidad IBM : y hasta el posible rescate del limbo de algún niño mongólico o

subnormal : un kilómetro y pico de trayecto bien aprovechado en suma: time is money, como dicen los ingleses : y Alvarito dale que dale hasta el chalé prefabri-
cado de la superurbanización GUADARRAMA (les gusta respirar a pulmón lleno de aire puro, saludable de
los bosques? les gusta detenerse a la orilla del silencioso arroyuelo que corre hacia las vastas llanuras y escuchar el zumbido de las abejas? les gusta echarse sobre
el blando césped y sonreírse del rayo acariciante del
sol? les gusta soñar debajo de los arbustos y oír los tri-
nos del ruiseñor y el canto de la alondra? les gusta
contemplar detenidamente el fondo cristalino de los lagos montañeses? les gusta mecer su espíritu con el ritmo gracioso del arroyuelo parlanchín? les gusta escalar los altos picachos, y allí, en la cima de las rocas que
se yerguen entre nubes, explayar en una canción alegre
la felicidad de su alma? : INVERSIÓN SEGURA : GRANDES
FACILIDADES DE PAGO) : quince minutos, treinta y cinco segundos, siete décimas : lo dice ROLEX OYSTER DAY-
DATE : 116'5 gramos con pulsera de 18 quilates: automático, antimagnético y blindado: toc! toc!
quién hay?
soy Caperucito Rojo y traigo una torrijas y un bote de
manteca de parte de mamá
anda, entra, hijito: levanta el pestillo y empuja la
puerta
interior funcional adecuado a las categorías axiológi-
cas del paisaje: decorado sobrio, luz indirecta, chimenea de hogar bajo en salón, cocina totalmente instalada con muebles de fórmica y muebles de unión con salón-comedor, carpintería de madera en cercos de puertas

y ventanas, pavimento de parquet de eucalipto, calefacción por calor negro, cuarto de baño con ducha,
inodoro Roca y bidé con surtidor central: BARATO : UN
VERDADERO SUEÑO
cómo te encuentras, abuelita?
muy acatarrada
Ulbán (no cabe la menor duda : eres tú!) dulcifica
como puede el bronco timbre de voz (el cadáver viola-
do de la abuela yace hecho trizas bajo el colchón)
hala, cierra la puerta, que hace frío
qué hago con los obsequios que me ha dado mamá?
ponlos encima de la repisa de la chimenea y vente a
acostar conmigo, quieres?
sí abuelita
Alvarito hace lo que le ordenan y, luego de desnudar-
se, se mete en el lecho: pero, apenas se cuela entre las
sábanas, queda pasmado al advertir cuán rara es su
abuela esta tarde: un moro de complexión maciza,
ojos de tigre, bigote de mancuernadas guías, capaz de par-
tir en dos, con sus zarpas bruscas, una baraja de naipes
abuelita, qué brazos tan grandes tienes!
es para abrazarte mejor, rey mío
abuelita, qué piernas tan grandes tienes!
es para correr mejor, rey mío
abuelita, qué grandes tienes las orejas!
es para oírte mejor, cielo mío
abuelita, qué grandes son tus ojos!
es para verte mejor, corazón mío
abuelita, qué bicha tan grande tienes!
es para penetrarte mejor, so imbécil!
y, al punto que dices esto, encovarás la culebra en el

209

niño y le rebanarás el cuello, de un tajo, con tu brillante navaja albaceteña
fondo sonoro: aullido de Alvarito, como cuando uno
cae en un pozo, y sin despertar ya jamás

no
no es así
la muerte no basta
su destrucción debe ir acompañada de las más sutiles
torturas
perros hambrientos
lobos sanguinarios
sanguijuelas
beberán su sangre joven, fresca y pura
con seis muchachos más y siete doncellas
será ofrendado inerme
en holocausto
al monstruo encerrado por el rey de Minos en el alam-
bicado laberinto de Creta
cachorros de león
mansos en apariencia
se metamorfosearán al primer mordisco
feroces
despiadados
brincarán ágilmente
hundirán las garras
hincarán los dientes
en su cuerpo cuitado
encadenado a una roca del Cáucaso, un águila dibuja
en lo alto porfiados y agoreros círculos

acecha largamente
y de improviso
cala vertiginosa sobre él
y le devora el hígado
Alvarito-pájaro salta de rama en rama, pero no puede resistir
no puede quitar la vista de la serpiente maligna
una fuerza enigmática le atrae
le hipnotiza
le subyuga
el ojo imperioso del reptil le convoca y él va acercándose
acercándose más y más
aún y aún
mientras la sierpe lo envuelve en sus anillos con
voluptuosidad lánguida y suave
muy suavemente
(como quien abraza a un niño)
lo estrangula
Alvarito-insecto vuela feliz
sin recelo
en torno a una insidiosa planta carnívora
lo presentimos
atraído por sus vistosos ropajes el muy inocente se posará en una de las velludas hojas mortíferas
y así ocurre
en efecto
sin que lo podamos evitar
al instante queda atrapado como una mosca en la superficie untuosa del mosquero
la hoja

entonces
se enrolla con avidez
lo inmoviliza con sus jugos azucarados
hunde sus pelos en la carne mórbida
señoras y caballeros
les rogamos por favor que no miren
la visión es horrenda
los espectadores sensibles corren el riesgo de desmayarse
la planta lo ha capsulado ya
succiona sus hormonas y tiroides
su médula dorsal
su arteria aorta
sus ganglios
sus mucosas
su cerebro
cuando dentro de unos días desenrolle sus hojas
cierren los ojos de nuevo
de otro modo verán
(no se lo aconsejamos)
sin carroña ya para los buitres
estrictos y mondos
apurados
unos cuantos huesos
en el fondo de un precipicio
entre abruptos peñascos
corre salvaje
un torrente.hosco
pasa un puente sobre el abismo
un puente que va estrechándose hasta quedar reducido
a una tabla escueta
el joven Álvaro avanza por él con la cara encendida

y los ojos ardientes
no ve la sima
no ve el vacío
sólo ve al otro lado
la seductora y provocante figura de una lasciva mujer
la Muerte
junto a él
sonríe irónica y fría
lleva en la mano un reloj de arena y la arenilla está a
punto de escurrir del todo
Álvaro pisa la tabla
avanza
avanza aún
un momento más
y ya cae
ya se precipita
abajo le aguarda el abismo con las fauces abiertas
morirá
estamos seguros que morirá
entre atroces dolores
si Bond no lo remedia
pero Bond no intervendrá
nadie intervendrá para salvarle
tu odio irreductible hacia el pasado y el niño espurio
que lo representa
exige los fastos de la muerte ritual y su ceremonial
mágico
(la luz, el ambiente, el decorado
y una mise-en-scène sobria y discreta)
bucea tus entrañas
ahoga la piedad

los sentimientos
la mesura
cuanto de manso y misericorde hay en ti mismo
(sólo el sexo
y su violencia desnuda)
eres Julián
conoces el camino
que ningún respeto ni humana consideración te re-
tengan

en un barrio olvidado de esa ciudad de cuyo nombre
no quieres acordarte (calles silenciosas y pulcras, trazadas por generoso compás de agrimensor, con la
impronta feroz de sus diáfanos orígenes de clase : verjas de hierro con rejas en forma de lanza, tapias erizadas de cristales y cascos de botella rotos, jardines
románticos, vago aroma de tilos : recatado y fantasmal
universo de senderos, laguitos, pabellones, tiestos de
hortensias, mazos de croquet, sillones de mimbre, fichas de mah-jong, cucharillas de plata : lecturas piadosas, algún ejemplar descolorido de "Signal", viejas
canchas de tennis invadidas de hierba : villas recién
recuperadas por sus dueños en aquellos dichosos años
de racionamiento y Auxilio Social : sistema premono-
polista y burgués, anterior a la invasión turística, al
plan de desarrollo y a la apoteosis internacional del
Ubicuo : mundo abolido hoy) has sido testigo y parte
de la historia (de amor no, de sangre y crimen) cruel
y fascinante (no es materia luctuosa la antigua traición
juliana, ni indigna de metro y prosa : los recursos

más bellos y esplenderosos del idioma no bastarán jamás para magnificarla) : tú y tu fuerte compañera, la culebra : prolongación indispensable de ti mismo y de tu modo de ser : insurrecta, viscosa, presta a enderezarse y saltar sobre la víctima y a inyectar en ella el líquido mortífero que, diseminándose poco a poco por el cuerpo, ocasionará irremediablemente la muerte : dotada de un capuchón esférico y grueso y de un tronco crescido, grant e desmesurado : si algún estímulo la despierta, la sierpe adopta una postura levantisca, irguiéndose verticalmente sobre un anillo plano apoyado en la base mientras extiende la capucha como una sombrilla e impulsa la cabeza hacia adelante : lo que acontecerá sin duda esta tarde cuando, siguiendo el itinerario de costumbre, el niño regrese del colegio con la cartera a la espalda : el niño? : qué niño? : tú mismo un cuarto de siglo atrás, alumno aplicado y devoto, idolatrado e idólatra de su madre, querido y admirado de profesores y condiscípulos : muchacho delgado y frágil, vastos ojos, piel blanca : el bozo no asombra aún, ni profana, la mórbida calidad de las mejillas : feliz no, más bien inquieto : acosado de presentimientos y deseos, presa grácil, ansiada, de demonios e íncubos : cruzando la calle a horas fijas, siempre solo, entregado a oscuras ensoñaciones o absorto en la lectura de algún libro : frente a la cabaña hecha de tablas en donde vives tú, el hosco guardián de las obras misteriosamente interrumpidas : cimientos de inmensa villa destinada a alimentar la vanidad de algún hombre de negocios vertiginosamente enriquecido con el estraperlo : grúas, apisonadoras, maquina-

ria que enmohecen bajo raídas fundas de lona : desgarba-
dos andamios, esqueletos de hierro : y junto a las pailas de alquitrán y sacos de cemento, tu choza : una estufa rudimentaria, una taquilla para la ropa, un balde
desvencijado, una lámpara de petróleo, un catre des-
hecho : la lluvia suena monótona sobre el techo de lata
y, al caminar, las botas se hunden muellemente en el
fango : una improvisada pasadera de tablas conduce
al depósito de agua y a los retretes : las pisadas permanecen impresas en el lodazal y el barro aprisiona todavía el zapato de tacón de una Cenicienta que com-
partió el lecho contigo por unas horas y huyó de él
a carrera abierta, durante tu opaco, trabajoso sueño :
rota, desgreñada, llorosa, maldiciendo su pasajero ex-
travío y jurando no reincidir en él : el episodio ha
trascendido y, a la somnolienta tranquilidad del barrio, ha sucedido una oscura, difusa impresión de ma-
lestar : los bienpensantes hablan en voz baja al pasar
frente a tu choza y apresuran el paso : infinidad de
historias corren sobre ti y la suntuosa dimensión de la
culebra : apúrate niña dicen las madres : pero sus ojos
se detienen más de lo debido en la cabaña de tablas
donde vives tú, tratando de penetrar en vano el secreto
que encierra : parece que vienen a verle por las noches
: no sé cómo se atreven : yo, cuando lo veo, se me hiela
la sangre : jirones de frases que llegan a tus oídos en
los precoces atardeceres otoñales mientras sombras
miedosas escurren hacia la bocacalle y una mano furtiva y católica se santigua : Dios nos guarde de él y
de sus atributos feroces : no le miréis : dicen que con
sus ojos hipnotiza : y la calle deviene sigilosa y vacía

y hasta los animales domésticos huyen de ti : no ha aparecido un gato ahorcado en uno de los plátanos del paseo? : su cuerpo rígido se ha columpiado varios días a merced del viento sin que alma caritativa lo descuelgue y, aunque sin pruebas (tus precauciones son infinitas y todas las cautelas no bastan), el rumor público te imputa la fechoría : mujeres y niños desertan de la zona y caminan en banda como un rebaño hosco, súbitamente abandonado por su pastor : y la oscuridad amplifica todavía el aura de peligro y el fervor mantenido de tu tensión : jardines atrancados, mansiones al acecho, húmedos olores vegetales, melodía sorda del viento entre los mirtos : la luz de las farolas de gas es muy pobre y las encendidas ventanas que horadan las fachadas arropadas de hiedra se anulan una tras otra : sólo alguna linterna vela insomne como la lamparilla de un sagrario : y una noche de ésas : noche no, atardecer mejor, aguardarás como tantas otras veces la esbelta silueta del niño que vuelve del colegio con la cartera a la espalda y darás cabalmente con él : delgado y frágil : vastos ojos, piel blanca : el bozo no asombra aún, ni profana, la mórbida calidad de las mejillas : tú mismo un cuarto de siglo antes, repasando la diaria lección de Ciencias Naturales o abismado en la difícil solución de un problema, caminando sin prisa hasta el límite de las obras y acelerando luego el paso, como si el adversario rumor que envuelve tu nombre hubiese llegado ya a sus oídos : su corazón late más rápido y la sangre abandona su rostro : medrosamente volverá la cabeza (y esperanzadamente también), presintiendo, quizá, la lógica irreba-

217

tible de tu presencia, del exigente y recio vínculo que os unirá más tarde : topando con la escueta y horizontal cerrazón de las tablas y escapando de pronto (al sino no, al breve instante) a todo correr : tiempo ganado, tiempo perdido? : según se mire : las dos cosas, y ninguna : nunca sabrás responder : simple tregua, tal vez, destinada a realzar la magnitud del encuentro : del pacto mudo que, temprano o tarde, sellará vuestra suerte recíproca : un día y otro y otro aún : escudriñando sin éxito entre las tablas, con los labios rozando la madera, aspirando a pulmón lleno el denso y perturbador aroma de tu cubil : tú y tu fuerte compañera : la serpiente : erguida ya y presta a inocular el líquido mortífero que segregan sus glándulas : de colmillos venenosos situados en la parte anterior de la mandíbula o bien eréctiles y plegables hacia atrás : cobra oriental o cascabel amazónica : de anillos córneos, alzada en postura defensiva, con la capucha hacia adelante : la música, el niño parece oírla pues oscila y oscila siguiendo los movimientos invisibles del magnetizador : de ti, de Julián, que espera con paciencia en la cabaña el momento de herirle e inyectar tu ponzoña : cosa que fatalmente ocurrirá mientras la certidumbre se aloja en su corazón tierno y su resistencia fugaz se derrumba : irresistiblemente atraído. por el misterio que celan las tablas, cautivo ya, sin saberlo, de la sierpe y de su prodigioso encantador : todo pretexto será bueno en adelante para justificar su visita : el momento mil veces soñado de aproximarse a tu puerta y rozarla levemente con los nudillos : recado, señas equivocadas, vaso de agua, balón per-

dido? : nada de eso : la disimulación no es necesaria
: el silencio y la gravedad de su mirada dicen más
que cualquier discurso : paso a paso caminará por la
calle desierta y, después de asegurarse que nadie mira,
se colará por la solitaria barrera, seguirá la pasadera
de tablas, se detendrá ante el umbral de tu choza : el
escarpín de Cenicienta se destaca con nitidez en el fango : la lluvia cae monótonamente : el tiempo parece
suspendido : escapará aún? : la pausa resulta interminable : luego (realidad, sueño?) los golpes suenan,
breves y limpios : abres; y está allí : delgado y frágil
: vastos ojos, piel blanca : el bozo no asombra aún, ni
profana, la mórbida calidad de las mejillas : tú mismo
un cuarto de siglo antes : insólito encuentro! : y lo
atraerás al lecho con violencia quieta y le mostrarás
tu inseparable compañera : la víbora : cabeza triangular y aplastada, lengua bífida, boca dilatable para
tragar grandes presas, maxilar inferior dividido, dientes huecos : o cobra quizá : de anillos córneos, erguida
en postura defensiva y con la capucha hacia adelante
: hacia el niño paralizado, mudo, que no puede ni
quiere apartar de ti la vista en tanto que la beli-
cosa sierpe se insurge y tu sangre, al sentirlo cerca,
brinca y brinca hacia él sin poder contenerse : apre-
sándolo entre tus brazos : enormes, velludos, autónomos : con el ronco deseo de estrujar su cuerpo endeble
y quebrarlo : pero no es todavía la hora y los dos
protagonistas lo sabéis : el proceso destructivo no ha
comenzado : estáis en el preámbulo de la historia : y
tú con halagos y mimos a amansar le enseñarás la
serpiente : disciplina de amor ilusa que su voracidad

aumenta y su cólera acrece : porfiosas de rasputín caricias aprendidas en iglesia o burdel, de labios de mujerzuela experta o baba de confesor cuitado : hasta el punto de encovar la culebra con exactitud enérgica y sofocar el grito de terror de una zarpada : no es nada, chiquito, no es nada : soy Bulián, tu admirador y amigo : pobrecito guardián de infaustas, avarientas obras : el abismo social que nos separa me impedía declararte mi pasión, pero tu amor consentido puede todavía regenerarme : escúchame bien : confía en mí : un hada antipática, en los furores de la menopausia, me redujo a este triste estado y me encerró en lóbrega y cruel sepultura sin otra compañía que una culebra hambrienta : sólo la belleza de un airoso mancebo podrá aplacar su rabia : si aceptas sufrir por mí, mi gratitud será eterna : no temas mi aspecto fiero : la ternura es subterránea : el amor que me inspiras no tiene límites : quisiera rajar mi corazón con un cuchillo, meterte en él y, luego, volver a cerrar mi pecho : declaración falaz, de embaidor o poeta, de otra tierra, de otro tiempo, que tú murmurarás : o sin máscara ya o sonrisa o veneno : impulsando la sierpe con movimientos bruscos e impetuosos : te guste o no te guste, me da igual, la conocerás toda : y él (mejor así), dale con gritar : y tú a sondar : chilla, chilla, le dices, que aquí nadie te oye (las avestruces solemnes del barrio se ocultan sagazmente en sus abrigados reductos) : y él a gritar aún (mejor así), y tú a oscilar : no, si te cansarás antes tú, te enteras? : eliges definitivamente la segunda versión : más viva y ágil, y también más directa : el niño hostigado por el áspid y el áspid azuzado por el niño : y, al fondo, la suave melodía de la flauta que diestramente tañes tú, el encantador : mientras el niño solloza y tiembla y la aplacada serpiente vuelve a su guardia : mañana te espero, chiquito : mañana empezaremos otra vez : y el niño se sustrae al hechizo y, abrumado, jura y perjura no volver, invocando a Dios y a la Virgen y a los Santos, sin atreverse a mirar de frente el rostro puro y lenitivo de la madre, intentando zafarse de la telaraña que le envuelve, de la liga untuosa en que se envisca, postrándose de hinojos ante el sagrario y repitiendo entre lágrimas el Yo Pecador : pero todo es inútil y lo sabéis los dos : llegada la hora, a su regreso del colegio, los pasos le encaminarán inexorablemente hacia la calle desierta en donde el prudente celador de las obras aguarda : el cielo es bajo y opaco, el viento desnuda las ramas de los árboles y los vecinos se recogen cautamente a sus mansiones sombrías : húmedas y musgosas villas con marquesinas, estatuas, pararrayos, veletas, cupulinos : sólita vegetación de glicinas, mimosas, geranios, rosales, dondiegos : universo desolado y caduco que tú has recorrido y él recorre y recorrerá aún muchas tardes y ésta de hoy en particular : mundo egoísta y vuelo hacia sí mismo, ajeno al trabajo y a la vida : al recuerdo de una revolución cercana en el tiempo y una guerra próxima en el espacio : mezquina sociedad de los años cuarenta para siempre malditos : y, abdicando sus buenas intenciones y propósitos, él (tú) se colará aún por la solitaria barrera, seguirá la pasadera de tablas, se detendrá ante el umbral de tu choza : el escarpín de Cenicienta se destaca con nitidez en el fango : la lluvia cae monótonamente : el tiempo parece suspendido : escapará hoy? : la pausa resulta interminable : luego (realidad, sueño?) los golpes otra vez, breves y limpios : abres : y está allí : dócil, mansito, sabiendo ya lo que le espera, resignado a la autoridad de la serpiente y al magnetismo de su encantador : y tañendo del hijo de Hermes la flauta invisible (pezuñas no, ni cuernos : miembros robustos, vellosidad áspera) orientarás la culebra (tu fuerte compañera) hacia el secreto (no virginal) paisaje y pesquisarás con lenta sabiduría el hueco (raja, medialuna) que agrieta (escinde) las codiciadas dunas paralelas coronándolas de pronto con un tronco brusco, desmochado de palmera arábiga : alucinación herbívora, imagen real? : sierpe del desierto más bien, flexible y elástica, que indaga e indaga, repta y explora, acaricia y nutre : erguida en postura defensiva, con insumisión tenaz : y el niño no llorará esta vez y aceptará calladamente tu trato : el yugo avasallador de tus brazos y el moroso festín de la culebra : y, a continuación, le pedirás dinero : Urbano es humilde y tú potentado : no puedes prestarle una poca ayuda? : el Dios de los cielos te premiará : cien pesetas, quinientas o mil : tu mamá te da cuanto le pides : tú mismo, golfillo, guardas tus ahorros en el banco : me vas a dejar así? : para socorrer a mi familia de la cábila : gente limpia, no morralla de esa que no se sabe siquiera de donde viene : sino del país : buenicitos, tranquilitos : uno con su chapuza, otro buscándose la vida como puede, otro trabajando para el Amalato : siempre en paz : y cuando, el día siguiente, él se pre-

senta con el producto íntegro de sus economías le
pedirás aún : mi hermano se casa, mi padre está enfermo, mi madre ha tenido un accidente : necesitan
dinero : mil, dos mil? : no, muchísimo más : tú eres
rico, tu mamá no te niega nada : cinco mil, diez mil
: a tu mamacita : quince mil, veinte mil : para el
pobrecito Julián : y todos los días él te trae dinero y
tú le pides más mientras, obedeciendo a la música del
encantador, el áspid se yergue frente a él y extiende
con lentitud su redondeada capucha : presto a escupir
e inocular el veneno que progresivamente inmoviliza
su voluntad y la somete a la tuya : rendido ya a tu
riguroso trato, al recio y crudo amor que, acatado por
él, caudalosamente le prodigas : y apurados los suce-
sivos pretextos de sacar dinero a su madre (libros,
filatelia, regalos, excursiones, minerales, insectos) se
presentará una tarde en la choza con las manos vacías,
y tú le pegarás : CON LOS NIÑOS EL LÁTIGO ES NECESA-
RIO : y lo descolgarás de la pared y le obligarás a
arrodillarse desnudo e implorar el perdón de la culebra : que enérgica, abundosamente soltará su rubio
desdén fluido antes de levantar tú el vergajo y cruzarle
la espalda tres veces : marcas tenaces, escuetas, paralelas, símbolo de la nueva y aceptada situación : vínculo singular el vuestro : cruel y lúcido : más denso
cuanto más demorado : y, con fingida piedad, lo
atraerás junto a ti y enjugarás suavemente sus lágrimas : olvídalo, chiquito, no te enfades : perdona al
pobrecito Julián : el cariño le ciega : la pasión es así,
tú lo sabes : otra vez necesita dinero : unos pocos
miles, para salir del paso : tú eres rico, riquísimo y no

le quires ayudar : dime, canallita, te parece correcto?
: palabras taimadas, insidiosas, que germinarán en su
espíritu y súbitamente crecerán como desmesuradas
flores japonesas, que le privarán de apetito y de sueño
y le inducirán a robar : esta misma noche se introdu-
cirá en la habitación de la madre y escamoteará varios
billetes de mil pesetas : recuerdas perfectamente el
lugar (como el gusano el corazón de la fruta) aunque
no lo visitas desde hace tiempo (el piquete justiciero
lo demolerá pronto) : tabiques empapelados de rose-
tones y tréboles, armario de luna, reclinatorio gótico,
cama con dosel : el suelo de madera cruje, el monede-
ro se halla en el cajón superior de la cómoda : allí,
junto a un búcaro de rosas marchitas, la fotografía del
difunto marido y otra tuya, premioso, en traje de primera comunión : desde la ventana se divisa la calle
desierta, la llovizna que obstinadamente humedece el
melancólico y hosco jardín : una vez, dos veces, tres
veces : sin que la madre lo advierta y sin aplacar por
eso la insaciable codicia del encantador : bestial ahora,
y exigente : más, más y más : el hurto de momento
es cosa fácil : doña Isabel la Católica no malicia : pero,
si se entera? : ella que, pecador no, muerto le quiere,
qué dirá? : en el espejo observa el niño los agoreros
estigmas y cubre horrorizado su cuerpo : visibles ya,
palmarios : la madre, solamente, no los ve : ceguera
de amor sin duda que hay que aprovechar y aprovecha
y aprovechará : con astucia, simulando plegarias y
estudios, interiormente dividido en dos : por un lado
la cáscara y por otro la pulpa : el niño que frecuenta
colegio e iglesia y el que busca y acata la serpiente en

las obras : ángel mentido y real demonio : y el mundo, igualmente, partido en dos : a un lado, casa y aula, piedad y holgura, Sagrada Mesa y mesa bien surtida : al otro, cabaña y fango, vergajo y lecho, lento oscilar de la culebra, música aguda de su encantador : diariamente recorre la calle desierta y, después de asegurarse que nadie mira, se cuela por la solitaria barrera, sigue la pasadera de tablas, se detiene ante el umbral de la choza : delgado y frágil : vastos ojos, piel blanca : pero, ahora, las huellas del látigo señalan vergonzosamente su espalda y el veneno que la serpiente inyecta empieza a minar su salud : valentía, magnanimidad, amor propio, piedad filial, orgullo noble, caballerosidad, heroísmo ceden el paso a la indolencia y la disipación : árbol joven, en plena primavera, ve mustiarse sus hojas, ve secarse sus ramas : sin capullo, sin follaje, sin flores, mortalmente herido en el tronco, perdiendo gota a gota la savia vital : profunda brecha por la que escurrirán fuerza, energía, vigor, empuje del alma : avanzando, subyugado, hacia la sierpe e intentando vanamente domarla : cobra barrocamente erguida en toda su longitud triunfal, exorbitante y voraz, con la insolente, no monacal capucha impulsada adelante : anillada boa que explora y repta, se enrosca, abraza, estrangula, asfixia : áspid oriental o cascabel amazónica : cuantas más veces se somete a ella tanto más crece su esponjosa avidez : más, todavía más! : tonel agujereado al que continuamente arrojan agua y nunca se llena : y el hurto compendioso se sucede y las visitas culpables a la choza : rubio desdén fluido de la sierpe y danza volandera del látigo hasta el día en que la santa madre descubre por fin el robo y el niño viene a verte aterrado : preciso será que descienda un nuevo escalón y el timbre de tu voz no admite réplica : hay que denunciar a la criada, la vieja y abnegada fámula que, desde siempre, le sirve (te sirvió) con fidelidad y devoción : avisada por la madre, la policía practicará un minucioso registro y, bajo el colchón de la doméstica, encontrará las joyas y recuerdos de familia que previsoramente has puesto tú : ominosa visión de la desdichada mujer que deniega, gime, suplica, llora y desaparece finalmente en el hermético coche celular que la conduce en derechura al presidio : en adelante su destino está escrito y él lo sabe : soberanía robusta de la culebra y naufragio suyo, rendición absoluta, voluntaria y completa entrega a discreción : desdén fluido, danza del látigo, críptica intrusión reptante : las cicatrices se acumulan en la espalda y los regueros espesos de sangre negra : el veneno sutil que inoculas le infecta y sus heridas supuran : sólo el rostro infantil y sin bozo se mantiene aún engañosamente intacto : la piadosa madre sigue sin darse cuenta y el ritual continúa : estudios abandonados, besos de Judas, comuniones sacrílegas que, sin quererlo, repite y repetirá : oh magia insinuante de la culebra y de su refinado encantador! : y sin embargo, ah, sin embargo : abierta la caja de Pandora, la enfermedad, la miseria, el tormento le invaden : un fuego destructor convertirá el limpio y gallardo corazón del niño en un endurecido trozo de lava : su cuerpo se cubrirá de pústulas, sentirá en los huesos un dolor vivísimo, una jaqueca tenaz no le concederá un mo-

226

mento de descanso : poco a poco aparecen síntomas
de contagio en la piel, en los párpados, en los intestinos : no podrá conciliar el sueño y le acosará, incesante, el perentorio deseo de dormir : y tú, insensible-
mente, ajustas las tuercas, y la tarde en que él intentará
esquivarte y dará un rodeo para no pasar por tu calle,
le acecharás en una esquina y le empujarás brutalmen-
te a la choza : allí, el vergajo sangriento aguarda, pero
no lo emplearás : el castigo, esta vez, será más arduo
: desgarrarás de un tirón sus vestidos y examinarás con
encono y con asco las cicatrices inmundas : hijoputa,
cabrón, malparido : por quién me tomas? : creías que
podías largarme así? : desde cuándo un degenerado
como tú se atreve a desafiar a Julián? : no sabes que
mando yo? : hoy me las pagarás todas juntas : con
los ojos del niño fijos en los tuyos, saboreando la
fascinación de sus dilatadas pupilas, tus manos macizas
clavadas en su cuello, apretando dulcemente, apretando : un día te mataré, me oyes? : y, al soltarle, le
golpearás la faz varias veces, chillando como un
energúmeno : mientras él se palpa las hinchadas mejillas y se enjuga lastimosamente la sangre : si tu
madre pregunta algo dile que te has caído : y ahora
bárreme el suelo y vete : ah, no olvides las joyas de
familia : mañana me las traerás sin falta : el niño
obtempera la orden y se arrastra como puede al refugio nutricio : su rostro de sapo está cubierto de
contusiones y hematomas que inspiran repulsión y
piedad : pero la inocente madre sigue absorta en sus
devociones y la versión de la caída es aceptada sin
recelo : tregua instantánea, pero tregua al menos : y

la impertérrita enfermedad continúa su curso y se ensaña tiránicamente en él : todos los médicos lo saben, incluso los más volterianos e impíos lo confiesan : en su periodo de máximo desarrollo el paladar se agujerea a consecuencia de las llagas : muchas veces se pudre el hueso nasal y el rostro del enfermo queda desfigurado : su apariencia es la de un espectro : las articulaciones se vuelven muy frágiles : la parálisis precursora le gana : el desenlace es fatal : y, adelantándote a él (tu rigor es extremo y ningún cáliz le será excusado), tomarás tus disposiciones severas : el niño regresa puntual con las joyas y las arrojarás en el fango : en lo futuro, nada que venga de él puede satisfacerte : su aspecto es horrible y excluye toda idea de compasión : aunque putanee y se obstine tratando de obtener el antes fértil, menguado ahora favor de la culebra, ésta se retraerá de él : adicta al silencioso tañer de la invisible flauta volverá a su guarida híspida no sin derramar antes (burla suprema) el rubio, fluido desdén : y una tarde (arisca y fría, nubes bajas, racheado viento) le recibirás con festiva sonrisa y le ordenarás traer a su madre : a su madre? : sí, a tu mamacita : por qué no? : Ulyan vive solo y sufre de la falta de mujer : tu mamá es joven aún y elegante y bonita : la he visto varias veces con el misal, cuando vuelve de la iglesia : fíjate en la choza : qué sucia y abandonada y triste : reclama una presencia femenina : tu mamacita me gusta y, juntos, lo pasaríamos muy bien : te sorprende? : vamos : no digas que no lo has pensado : tu madre y la culebra, la culebra y tu madre : ella también es curiosa y la quiere conocer : la religión, la

228

moral dices? : tonterías : todas las hembras son iguales : la culebra (mi fuerte compañera) manda : ellas (pobres o ricas, viejas o mozas) obedecen : ninguna (óyeme bien : ninguna) discute o resiste a su potestad : tu querida madre es como las otras : lo dudas? : tráela mañana y verás : yo la sentaré acá, como hice contigo, y la iniciaré en las ceremonias del culto : la entrega, el líquido desdén, los latigazos : y tú estarás delante y mirarás : tu mamacita y la culebra, la culebra y tu mamacita : y como el helado placer de tu proposición dispensa (lo sabías) sus infalibles señas, te inclinarás sobre él y lo asirás bruscamente por el brazo : arrímate acá, putico y dime la verdad : te gustaría verlo? : dime : te gustaría? : y aullando de súbito : pues lo verás, maricón, lo verás : con tus propios ojos, por mi madre que lo verás o no me llamo Julián : es el fondo del túnel, la copa está vacía : y, despiadadamente, asistirás a los sobresaltos y estertores de su voluntad agonizante, al sutil y anticipado proemio de su muerte aguda : si no la traes, iré a verla yo y le contaré cuanto has hecho : tus mentiras, el dinero, las joyas, el falso testimonio contra la sirvienta : peor aún será que verte muerto : enloquecerá : y atrapado en el dilema (omnívora flor) decretarás tú : o vienes con ella (te lo aconsejo, chaval) o te suicidas : te cuelgas del techo de una puñetera vez y santas Pascuas : todos los crápulas terminan así : ah, y, sobre todo, no esperes que yo te ayude : tú solo, con tu indigna mano : y redactarás antes una carta explicando el por qué : soy extranjero aquí y no quiero líos con la policía : es el final : los segundos escurren implacables en la esfera del reloj : el niño quisiera arrepentirse de sus crímenes, pero no se siente con fuerza para ello : sus sentimientos y facultades se han embotado y le falta la fe : el eterno castigo le deja totalmente indiferente y espera como tú la guillotina : la cortante caída del telón : con sus dedos deformes escribirá la cínica y atroz despedida que encopetados pajarracos nocturnos recitarán después ex cathedra para escarmiento y lección de futuras, carpetovetónicas y siempre mal generadas generaciones : como un sonámbulo cogerá la cuerda que tú le tiendes y la sujetará al techo : tus ojos feroces espían sus movimientos de autómata y tu fuerte compañera, la culebra, sale de su vellosa guarida y le observa también : radicalmente enhiesta y con la capucha tendida hacia adelante : oscilando al burilado son de la música que insinúas tú : mientras, encaramado en una silla, el niño se anuda cuidadosamente la soga en torno del cuello : desmedida y voraz : y se deja caer : contenido fervor que estalla como un fastuoso cohete : balanceándose : y así como en la mente del que agoniza desfila entera la vida en unos cortos instantes, así su primitivo candor fugitivamente aparece : delgado y frágil : vastos ojos, piel blanca : el bozo no asombra aún, ni profana, la mórbida calidad de las mejillas : y, tal halcón al acecho, apuras la brevedad del milagro : abrazándote a él : serpiente troglodita, flagelador hircino : en simbiosis fulmínea : impugnando la muerte que os cierne : monstruo no, ni bifronte, ni Jano : tú mismo al fin, único, en el fondo de tu animalidad herida

la muerte y la profanación del infante siembran la alarma en el pueblo, y los humillados carpetos tratan histéricamente de exorcisar el peligro : desde el coro de la casa del miedo, un oráculo atribuye los recientes desastres al desenfreno y licencia de las costumbres : su rostro es pálido, ascético : un proyector lo ilumina teatralmente y acentúa el esquematismo de sus rasgos, diseñados a brochadas, como los de una máscara : en medio del silencio sobrecogido de los fieles, ensalza la virtud, fustiga los vicios, predice la derrota de Julián : oculto en el interior del confesionario, tú escuchas pacientemente la insulsa arenga : las penitentes se suceden tras la rejilla y las incitas, con voz suave, al libertinaje y al crimen : los hombres de tu harka se han desprendido de sus turbantes y disimulan sus armas bajo decrépitas sotanas de alquiler : sus robustas culebras abultan los indiscretos trajes talares y permanecen en fervorosa tensión ante las mujeres que, brazos en cruz, intentan conjurar con rezos la cólera celeste : algunas depositan limosnas en los cepillos : otras encienden cirios y lámparas votivas frente a imágenes santas : afligidos murmullos ascienden entreverados con aroma de incienso : cuando el faquín concluye la prédica y reparte la comunión, todas se postran de hinojos y sacan sus lenguas viscosas para recibir la oblea y engullirla de golpe, vorazmente, con experto y veloz movimiento retráctil : polvos de hachich oportunamente mezclados con la harina durante un segundo de inadvertencia del acólito provocan súbito ramalazo de fiebre sexual : las beatas rasgan sus vestidos, se revuelcan por el suelo, escupen, babean, comienzan a masturbarse : levantando sus faldas, tratan de copular unas con otras sin hacer caso de las confusas protestas del augur : es el momento escogido por tus harkis para entrar en acción : los irrisorios disfraces caen, el blanco turbante de seda ciñe su negro turbante de pelo crespo : despiadadamente se reparten el sacro botín, embisten y clavan los venenosos aguijones : las escenas de orgía se multiplican, y los gemidos de terror y de éxtasis de las doncellas penetradas por las sierpes de los árabes : la sangre corre sin saciar su furor, la lógica de la muerte se impone : desde el vasto crucero del templo admiras el rudo y cruel espectáculo : estás junto al camerino de la Muñeca : maniquí de madera articulado, vestido con manto azul y oro y con el corazón atravesado de alfileres como el acerico de una costurera : en sus brazos, el Nene, con pelo rubio natural peinado en tirabuzones conforme a la moda de Shirley Temple de los años treinta, empuña la espada de juguete : el rostro de la Muñeca es, a la vez, grueso y demacrado : espesos grumos de almagre fingen regueros de sangre en las mejillas : en los ojos opacos, con los párpados pintados de bermellón, captas una mirada torva, de inquietud y disgusto : sobre el cadáver mutilado del mago trepas al pie de la estatua y, pausadamente, comienzas a despojarla de sus joyas y adornos : tu vista se detiene en los aretes de diamante que cuelgan de sus orejas : cuidado, dice la Muñeca : son fijos : cuando era Niña me agujerearon los lóbulos : es una costumbre de esta tierra : tú se los arrancas de un tirón : la Muñeca pestañea levemente, pero encaja el golpe con dignidad : la mano que sostiene el Hijo parece encogerse bajo tu mirada y adviertes, de pronto, la presencia concisa de dos esmeraldas en el índice y el anular : inútilmente pruebas a sacar los anillos : los dedos son excesivamente gruesos : tal vez con un poco de jabón o de vaselina, sugiere Ella : no importa, respondes : con las tijeras es mejor : los dedos seccionados pasan a enriquecer tu botín y la Muñeca retiene a duras penas las lágrimas : canalla, dice : bruscamente el techo de la casa del miedo se derrumba con su exuberante armazón de doradas volutas y decoraciones florales : columnas y capiteles, retablos y rejas, aladas cabezas de ángeles y convulsas figurillas de demonios, toda la fastuosa, delirante escenografía de efectos pánicos y grandiosos se viene abajo : piernas y brazos de escayola, muletas, matas de pelo, cueros cabelludos, exvotos caen sobre los racimos humanos que, entre la sangre, el sudor y el semen, fornican y jadean : los ojos de la Muñeca aparecen agrandarse por el vértigo, como si la tierra faltara bajo sus pies : sin perder un ápice de su rigidez hace esfuerzos desesperados por mantener el equilibrio : sucesivamente gira sobre sí misma, avanza, retrocede, se tambalea : el Nene da muestras crecientes de irritación e, inopinadamente, con ademán maligno, le pincha el cuitado y doloroso corazón con la punta de su florete : la caída simultánea de los dos muñecos pone punto final, con sus aullidos, al demente, fabuloso happening

al mercado, al mercado! : reino absoluto de lo improbable, despojado de los fastuosos oropeles de la Metro
o de la Paramount : prolongación de la tangerina
calle de la Playa, en el extrarradio por el que las pre-
cavidas capas medias que oscilan de lo sólido a lo
gaseoso cautamente se aventuran al encumbrarse el sol
: dormido ahora como una feria vacía o una verbena
popular desierta : solitario otra vez, a menos de em-
bocarte por uno de los sombríos corredores y abrir-
te paso entre la cortesano-milagrera multitud : tras
el mendigo rey pezuña de Nijinsky, orientándote
por el turquino semáforo del ojo : ciclópea baliza que
dispensa sus oportunas señas en medio del piélago y te
conduce a uno de los callejones atestados de presencias
homínidas que desafían las burguesas, arbitrarias leyes
de la verosimilitud : aviesas mancas tullidas cojas ciegas : seres y seres privados de uno o varios miembros,
con esa desconcertante facilidad con que las gentes
pobres de los países subdesarrollados pierden sus órganos y extremidades igual que los cangrejos : urbano
caos de gritos, voces y claxonazos : un viejo sobre un
albo (dioscúrico?) caballo, un borrico sepultado bajo
el peso de su montura, un iracundo camión de mudan-
za que prodiga hasta el paroxismo los primeros compases de la marcha de "El puente sobre el río Kwai",
un enano giboso cargado de un inmenso armario de
luna, un ciclista de volatineras aptitudes con una piramidal bandeja de pasteles en equilibrio encima del
cráneo : los vendedores de calcetines, corbatas, sanda-

lias de plástico evolucionan ágilmente con sus puestos de quita y pon y una señora gorda, con aires de prima donna, agrieta la compacta masa humana a fuerza de codos, como si fuera un rompehielos : el vehículo está hasta los topes y racimos de personas emergen de las puertas laterales y aun de las ventanillas : imposible escaparse : cuerpo contra cuerpo, fundidos todos en una misma masa tentacular y vociferante : eh, no empujar! : cabrones, no se muevan! : el cabrón serás tu, hijo de la gran puta! : tu vecina acuna amorosamente la encolerizada gallina instalada en su regazo sobre una cesta de huevos, llora un niño y la radio trasmite a grito herido los danzarines compases de "Las sílfides" de Chopin : coño, no magreen! : no apriete usted, señora! : abusón, quietas las manos! : el ciclista sigue pirueteando con la bandeja indemne y la prima donna assoluta despliega una tutelar sombrilla sin hacer caso alguno de los gritos y las protestas : la gallina cacarea, el niño aúlla, la radio ensordece con "La sífilis" de Xopén : estás entre la espada y la pared, indefenso, comprimido entre la prima donna, la campesina con la cesta de huevos y el ciclista funámbulo : el sudor escurre por tu cuerpo como si estuvieras en el hammam : a tus pies, una extraña criatura se arrastra penosamente por el suelo y tu atención solicita, muda como un reproche : su presencia desborda los límites de la imaginación herbívora, su escueta materialidad inflexiblemente se impone : una pierna sinuosa pretende enroscarse alrededor de su cabeza y las pezuñas delanteras calzan una especie de botas adaptadas a la insólita, reptante configuración : araña, tarántula, ciempiés? : respiración traqueal, antenas flexibles, uña venenosa? : el aire escasea sin duda en las regiones inferiores y oscuras y la entidad dudosa jadea y trata de auparse hasta el borde de tu chaqueta : el niño llora, la primissima florece bajo su sombrilla, el ciclista discurre aerícola con la milagrosa bandeja piramidal : el pordiosero insecto busca ávidamente el calor del regazo, las pinzas liberan uno a uno los cautivos botones, la boca se embosca en la hircina guarida y la voz lastimera sube angustiosamente hacia ti : buenosdiascaballero, mamalapobrecomosiempre, setintaañosyaylasaludylosdisgustos : cacareos de galli-na, llanto de niño, sífilis de xopén! : tus manos se han aferrado tenazmente a su cuello y el fondo musical ahoga el gemido agrio : globo que se deshincha, se-rrín que escurre, aplastado abdomen que expulsa lí-quida masa abdominal : la prima donna emite gorgo-ritos de vicetiple, pedalea el ciclista sobre la cuerda floja, la maternal campesina acuna gallina, cesta y huevos intactos : ruidos, ruidos, música, voces, inter-ferencias! : el nocturno autobús prosigue su fantasmal travesía y te depositará en el cruce de la desierta cuesta y la despoblada, somnolienta calle de Portugal

en medio de los desperdicios del mercado (papeles, huesos, mondas de fruta) y su secuela de emanaciones y olores (secreción, podredumbre, carroña) el terso y pulido cadáver se destaca y brilla : un muñeco de celuloide rosa, atrozmente marcado por la saña ven-gativa de su ejecutor : brazos y piernas mutilados, órbitas oculares vacías, corazón atravesado por un alfiler grande, dorado, que, en lugar de cabeza, ostenta un curioso penacho de plumas de metal : el agua que mana por el arroyo lo arrastra con los residuos e inmundicias del Zoco Grande : junto al bordillo de la escalera en donde, al amanecer, las enigmáticas campesinas rifeñas expondrán incansablemente su escueta, miserable mercancía : higos chumbos, manojos de hierbabuena, magros racimos de dátiles que nadie compra ni comprará : boca arriba, con una cáscara de naranja sobre el pecho, baja hasta el cruce de la calle de Portugal : allí gira, se sume, reaparece, gira de nuevo, atrapado en el remolino que provoca la confluencia de dos corrientes opuestas : cuando emerge por fin, el flujo lo deposita en el centro de la calzada y un perro esquelético lo olfatea con detenimiento y se aleja medrosamente de él : el muñeco reposa ahora en un tosco pesebre y un nigromántico moro y los niños brujos de la mezquita de los Aisauas acuden a su encuentro y le rinden adoración : candelillas de cera verde, mudas de piel de culebra, pelos de macho cabrío se acumulan sobre la paja en signo de sumisión y obediencia : luego, los adoradores se disponen en fila india y, con el muñeco en andas, emprenden ágilmente la procesión : por la calle de la Playa, hacia el bulevar, encabezados por el muchachito europeo tocado con un sombrero tejano y con dos revólveres plateados al cinto : la ciudad permanece agazapada, como al acecho y la flauta del afilador de cuchillos resuena a lo lejos delicadamente irreal : grávida de sugerencias, invitaciones, promesas : escueta, ligera, sutil : suasoria :

mientras la comitiva enfila por entre la breve, ruda
fábrica de las casas escoltada de sombras gráciles, de
presencias esbeltas : mahometana devoción que la noche recata, que la nubosidad cela : albornoces, velos,
tocas de gasa recortados en un fondo de animalejos
y atauriques, bosques de columnas, estilizado follaje
: y he aquí que el muñeco resucita y recobra súbitamente la vista y uso e integridad de sus miembros
: vestido con blanca chilaba, ceñido de níveo turbante
invoca en árabe puro el nombre de Alá, manifiesta su
vivo deseo de ser musulmán : los niños asisten gozosos
a tu insólita epifanía : la procesión ha alcanzado la
avenida de España y discurre por el andén central bajo
la brusca, expansiva foliación de las pencas palmeñas
guiada siempre por las modulaciones bucólicas de la
flauta : a su dulce reclamo, mujeres y hombres abandonan sus ocupaciones mediocres y se unen silenciosamente al cortejo : el tañido imantará poco a poco
mendigos y soldados, campesinos, turistas : los niños
orientan por señas el mimético río humano y acogerán
con júbilo los instrumentos que generosamente dispensa el nigromántico trujamán : clarinetes y saxos,
violines y oboes, atabales y bajos, mandolinas, rabeles
: la improvisada orquesta colectará a su paso la quieta
aprobación de los espectros que rondan el paseo : en
sordina, de forma casi inaudible, insinúa el tema
descendente del Adagio cual si quisiera adormecer,
acunar : a la altura del hotel El Djénina, los músicos
enmudecen sucesivamente y, como en "Los Adioses"
de Haydn al príncipe de Esterhazy, apagarán las candelillas verdes, guardarán las partituras, enfundarán

los instrumentos antes de abandonar de modo definitivo la nocturna, fantasmal procesión : en tres ocasiones, por la abrupta cuesta de Grotius, el motivo principal vibrará aún con una distribución cada vez más reducida y débil hasta que el movimiento, y con él toda la sinfonía, se extinguirá suavemente en un melancólico solo de flauta : tal, dulce, suspira la lira que hirió en blando concierto del viento la voz, leve, breve son : los últimos niños músicos se despedirán con gentiles reverencias y te echarán besos al vuelo como en un minueto cortesano, galante : a continuación, saltarán la tapia del vecino solar y enterrarán el cadáver del gato pelón y tiñoso en la frondosidad inculta : como ayer, como mañana, como todos los días : abrirás, pues, la entrada de la portería, pulsarás el botón, te atrancarás en el interior de tu apartamento : la ventana de la cocina sigue de par en par y nubes de insectos cubren los menudillos de gallina, los montículos de azúcar en polvo : es la hora del pompeyano torrente de lava, de la catástrofe himenóptera y díptera : cumplido el ritual, apagarás la luz después de verificar, por cinegético escrúpulo, la imposibilidad material de la huida, la esmerada perfección de la trampa : orinarás, te lavarás los dientes, pasarás a tu habitación : inamovible, el habitual decorado te aguarda : dos sillas, el armario empotrado, la mesita de noche, la estufa de gas : el mapa del Imperio Jerifiano escala 1/1 000 000 impreso en Hallwag, Berna, Suiza : el grabado en colores con diferentes especies de hojas : envainadora (trigo), entera (alforjón), dentada (ortiga), verticilada (rubia), digitada (castaño de Indias)

: la lámpara de cabecera, el cenicero lleno de colillas, el cuaderno rojo con las cuatro tablas dibujadas detrás, el librillo de papel de fumar que utiliza Tariq para liar la hierba : nada más? : ah, la araña del techo : cuatro brazos, lágrimas de vidrio : justamente hay dos bombillas fundidas, habrá que buscar otras en el bacal : abrirás el libro del Poeta y leerás unos versos mientras te desnudas: después, tirarás de la correa de la persiana sin una mirada para la costa enemiga, para la venenosa cicatriz que se extiende al otro lado del mar : el sueño agobia tus párpados y cierras los ojos : lo sabes, lo sabes : mañana será otro día, la invasión recomenzará

ADVERTENCIA

La presente obra ha sido realizada con la participación póstuma o involuntaria de

Alfonso X el Sabio
Alonso, Dámaso
Arrarás, Joaquín
Azorín
Berceo, Gonzalo de
Buñuel, Luis
Calderón de la Barca, Pedro
Caro, Rodrigo
Castro, Américo
Castro, Guillén de
Cervantes, Miguel de
Corral, Pedro de
Darío, Rubén
Espinel, Vicente
Espronceda, José de
Ganivet, Ángel
García Lorca, Federico
García Morente, Manuel
Góngora, Luis de
Ibn Hazam
Jiménez, Juan·Ramón
Larra, Mariano José de
León, Fray Luis de
López Alarcón, Enrique
López García, Bernardo

Machado, Antonio
Machado, Manuel
Menéndez Pelayo, Marcelino
Menéndez Pidal, Ramón
Mora, José Joaquín de
Mutannabí
Ortega y Gasset, José
Otero, Blas de
Pérez de Ayala, Ramón
Pérez de Guzmán, Fernán
Pérez del Pulgar, Hernán
Primo de Rivera, José Antonio
Quevedo, Francisco de
Rojas, Fernando de
Sánchez Albornoz, Claudio
Teresa de Ávila
Tirso de Molina
Unamuno, Miguel de
Vega, Lope de
Vélez de Guevara, Luis

así como de Monseñor Tihámer Tóth, Perrault, Virgilio, Lermontov, Ian Fleming, Umberto Eco, Agustín Lara — y con materiales tomados de diversos periódicos, textos escolares y enciclopedias de divulgación médica. El autor agradece muy especialmente a Carlos Fuentes, Julio Cortázar y Guillermo Cabrera Infante su amistosa y solidaria colaboración.